Saul D. Alinsky
Anleitung zum Mächtigsein

Alinsky, der sich selbst als Radikaler im Sinne der »American Revolution« versteht, beschäftigt sich mit dem Aufbau von Massenorganisationen, der Erlangung von Macht und der Verteilung von »Macht an das Volk«. Er entwickelt Taktiken und Strategien, wie sich die »Habenichtse« gegen die Besitzenden zur Wehr setzen können.

Alinsky hat mit seinen Massenorganisationsprinzipien wesentlichen Einfluß auf die US-amerikanische Bürgerrechts- und Studentenbewegung gehabt. Seine Schriften haben in den USA großes Aufsehen erregt. Die »Los Angeles Times« schrieb: »Lustig, philosophisch, kurz, ein Handbuch für Protestler.« Das »Wall Street Journal«: »Alinsky wird als der beste Organisator der Bürgerbewegungen in diesem Land anerkannt.« Alinskys Gedanken könnten zu einem neuen Verständnis von politischer Basisarbeit in der Bundesrepublik beitragen. Und in diesem Zusammenhang noch eines: »Diejenigen, die diese direkte Sprache nicht vertragen und auf Schonkost angewiesen sind, können und werden das hier Erörterte ohnehin nicht verstehen«, so warnt er seine bürgerlichen Leser.

Über den Autor:

Saul D. Alinsky, 1909 in Chicago geboren, organisierte die Armen in den Slums seiner Heimatstadt. Er gründet Bürgerorganisationen und bildete Mitarbeiter aus, die in den ganzen USA Bürgerbewegungen aufbauten: in den schwarzen Elendsvierteln, unter mexiko-amerikanischen Landarbeitern... Die von ihm entwickelten Taktiken und Strategien erwiesen sich als höchst effektiv. Das Establishment fürchtete ihn als den besten Organisator politischer Bürgerrechtsbewegungen. Alinsky wurde mehrfach inhaftiert. Erst im Gefängnis fand er die Zeit, seine Gedanken zu Papier zu bringen. Er starb 1972. Seine Schriften sind »für alle Zeiten« (Chicago Daily News).

Saul D. Alinsky

Anleitung zum Mächtigsein
Ausgewählte Schriften

Zusammengestellt und aus dem Englischen
von Karl-Klaus Rabe

Herausgegeben vom
Forum für Community Organizing (FOCO)

Vorwort: Lothar Stock

Nachwort: Dieter Oelschlägel

Lamuv Taschenbuch 268

Bitte fordern Sie unser kostenloses Gesamtverzeichnis an:
Lamuv Verlag, Postfach 26 05, D-37016 Göttingen
Telefax (05 51) 4 13 92, e-mail lamuv@t-online.de
www.lamuv.de

Gedruckt auf Öko 2001 Papier zur ökologischen Buchherstellung
(80 Prozent Altpapier, 20 Prozent Durchforstungsholz
aus nachhaltiger Forstwirtschaft, ohne Färbung, ohne optische
Aufheller)

99　00　01　02　03　　7　6　5　4　3　2

1. Auflage 1984
2. Auflage 1999
© Copyright Random House Inc. (USA), 1946, 1969 und 1971
© Copyright der deutschsprachigen Ausgabe Lamuv Verlag GmbH,
Göttingen 1999
Alle Rechte vorbehalten

Umschlaggestaltung: Gerhard Steidl
unter Verwendung eines Fotos von Karl-Klaus Rabe
Gesamtherstellung: Steidl, Göttingen
Printed in Germany
ISBN 3-88977-559-4

Inhaltsverzeichnis

7 Karl-Klaus Rabe: Vorwort zur 1. Auflage

19 Lothar Stock: Vorwort zur 2. Auflage

I. Nennt mich einen Rebellen!

27 Was ist ein Radikaler?

33 Die Krise

42 Ein Wort über Wörter

51 Über Mittel und Zweck

II. Der Aufbau von Bürger-Organisationen

67 Das Programm

73 Die einheimischen Führer

77 Traditionen und Organisationen eines Viertels

83 Organisationstaktiken

106 Volksbildung

115 Kommunikation

128 Konflikttaktiken I

140 Konflikttaktiken II

169 Die Stunde der Radikalen hat geschlagen

173 Quellenangaben

175 Dieter Oelschlägel: Nachwort

»Sollen sie mich doch einen Rebellen nennen, bitte schön, ich habe nichts dagegen; aber ich soll die Qualen der Hölle erleiden, wenn ich aus meiner Seele eine Schlangengrube mache.«

Thomas Pain

»Wie könnten wir eine kleine Würdigung des allerersten Radikalen vergessen: Aus all unseren Legenden, Mythen und der Geschichte (und wer weiß genau, wo Mythen enden und Geschichte beginnt – oder was nun was ist) ist uns der erste Radikale bekannt, der gegen das Establishment rebelliert hat, und das so erfolgreich, daß er zumindest sein eigenes Königreich erkämpft hat – Luzifer.«

Saul D. Alinsky

Vorwort zur 1. Auflage

1909 wurde in einem der schlimmsten Slums Chicagos Saul D. Alinsky geboren. Seine Eltern waren russische Immigranten, sehr orthodoxe Juden und arm. Seine Mutter war 17 Jahre alt, als sie ihn zur Welt brachte.

Saul Alinsky wuchs in den Straßen des Elendsviertels auf. Wenn er sich später seiner Kindheit erinnerte, mußte er immer wieder daran denken, wie er im hinteren Teil eines kleinen Ladens gelebt hatte. »Meine Vorstellung von Luxus war, in einer kleinen Wohnung zu leben, in der ich die Toilette benutzen konnte, ohne daß meine Eltern an die Tür hämmerten, damit ich herauskomme, weil ein Kunde rein wollte.«

Seine Eltern trennten sich, als er 13 oder 14 war. Sein Vater ging nach Kalifornien, seine Mutter blieb in Chicago, zog aber mehrmals um. Den Sommer verbrachte Saul in Kalifornien. Mit seinem Vater hatte er wenig zu tun. Wenn er ankam, sagte er zu ihm: »Hello«, drei Monate später: »Good bye« – das war's dann auch schon.

Saul besuchte ein gutes Dutzend verschiedener Schulen. Daß ihn als Jugendlichen ein soziales Gewissen geplagt hätte, daran konnte er sich nicht entsinnen. Wenn er in Kalifornien war, interessierte ihn nichts anderes als Tennis, er wurde aber nie zu einem guten Spieler. In Chicago war er »besessen« von der Fliegerei, trieb sich, so oft er konnte, auf dem Checkerboard-Flugplatz herum, fegte Hangars aus und erledigte andere kleine Arbeiten, nur damit man ihm eines Tages das Fliegen werde beibringen. Doch seine Piloten-Träume endeten mit dem Absturz einer kleinen Maschine, den er erlebte und bei dem Tony Yackey, für den er arbeitete, ums Leben kam.

1926 fing er mit dem Studium an der University of Chicago an. Mehr oder minder zufällig machte er einen Abschluß in Archäologie. Soziologie-Seminare belegte er auch, aber sie interessierten ihn eigentlich nicht. Was in ihnen gelehrt wurde, schien ihm zu lebensfremd.

Im dritten oder vierten Studienjahr organisierten einige Kommilitonen Solidaritätsaktionen für die Bergarbeiter im Süden Illinois', die gegen den radikalen Gewerkschaftsführer John L. Lewis rebellierten. Saul beteiligte sich an diesen Aktionen, sammelte Lebensmittel in Chicago, um sie mit Lastwagen zu den hungernden Arbeitern zu bringen. Bei dieser Gelegenheit legte er sich mit dem Sheriff einer Kleinstadt an, der ihn kurzerhand einsperrte; »es war eine neue Erfahrung für mich damals«, so Alinsky hinterher.

1930 verließ er die University of Chicago. Es herrschte die Zeit der großen Depression. Wer interessierte sich schon für jemanden, der einen Abschluß in Archäologie gemacht hatte! Obwohl er kaum Geld hatte, konnte er sich durchschlagen. Seine schwedische Vermieterin war ein Glücksfall; sie sagte ihm, er solle sich keine Sorgen machen und ihr die Miete dann zahlen, wenn er es könne. Das einzige Problem war das Essen, denn seine Mutter hätte ihm zwar ihren letzten Dollar gegeben, aber sie hatte Mühe, sich selbst über Wasser zu halten, und sein Vater war von der Bildfläche verschwunden. Und von Sozialhilfe wollte Saul nicht leben: »Lieber klaue ich, als daß ich Wohlfahrtsunterstützung nehme.«

Für eine Weile löste er das Problem, indem er in Delikatessengeschäfte ging und sich an den dort angebotenen Kostproben satt aß. Das ging etwa einen Monat gut, bis ihn zwei kräftige Typen »wie in einer von diesen alten Filmkomödien« auf die Straße beförderten.

Kurz danach saß er in einer der billigen Gaststätten, die zu einer Kette gehörten, trank eine Tasse Kaffee und kam ins Meditieren, wie er meinte: »Hier sitz' ich nun, ich kluger Scheißkerl, Abschluß 'cum laude' ... Wie kommt's, daß ich nicht meinen Lebensunterhalt verdienen kann? Ich habe der Gesellschaft eine Chance gegeben. Ich habe vieles versucht, wobei ich immer ehrlich war. Was mache ich nun?«

Auf einmal hatte er eine Idee. Er nahm seine Tasse Kaffee, setzte sich in die Nähe der Kassiererin und unterhielt sich mit ihr. Dann stand er auf und sagte: »Oh, es tut mir leid, ich habe meine Rechnung verloren.« Da sie gesehen hatte, daß er nur eine Tasse Kaffee getrunken hatte, meinte sie: »Das macht fünf Cents«, und stellte ihm eine neue Rechnung aus, die er bezahlte. Danach ging er ein paar Straßen weiter in eine zweite Gaststätte, die zu dieser Kette gehörte: in seiner Hosentasche die unbezahlte Rechnung für den Kaffee. Dort aß er ein Gericht für 1,45 Dollar, legte aber bei der Kassiererin die Rechnung über fünf Cents aus der ersten Gaststätte vor. Auf diese Weise konnte er sich für zehn Cents ein dickes Essen und einen Kaffee leisten. Und damit waren – vorerst – alle Probleme gelöst.

Aber dann rührte sich irgendwann sein soziales Gewissen. Überall in der Universität sah er hungernde Studenten, und er glaubte, sein Geheimnis nicht mehr für sich behalten zu können. Also hängte er einen Zettel an das Schwarze Brett und lud alle Hungrigen zu einem Treffen ein. Einige Leute dachten, es sei ein Gag, aber sie kamen. Er erklärte ihnen sein System und erläuterte an einem Stadtplan von Chicago, wo überall Gaststätten von bestimmten Ketten waren. Teams wurden eingeteilt, die mal in diesem Stadtviertel, mal in jenem die Gaststätten aufsuchen sollten. Es klappte alles perfekt – sechs Monate lang, bis die Ketten Rechnungen einführten, die nur noch für jeweils eine ihrer Gaststätten galten. Damit war die Sache beendet.

Völlig überraschend gewährte ihm die University of Chicago ein Stipendium, damit er eine Doktorarbeit in Kriminologie schreiben konnte. Womit er das verdient hatte, wußte er auch nicht. Wie auch immer, er nahm es an. Er sollte einen Einblick in die Kriminalität gewinnen. Um dies zu können, dachte er sich, müsse er in die kriminelle Szene hineinkommen. Er ging zum Hotel, das bekanntermaßen das Hauptquartier der berüchtigten Bande von Al Capone war. Als er dort eines der Gang-Mitglieder, dessen Bild er meinte schon einmal in der Zeitung gesehen zu haben, traf, steuerte er auf ihn zu und sagte: »Ich bin Saul Alinsky, und ich studiere Kriminologie an der University of Chicago. Stört es Sie, wenn ich mich mit Ihnen herumtreibe?« Der Mann erwiderte: »Verschwinde, du Würstchen!« Alinsky ließ nicht locker und holte sich eine Abfuhr nach der anderen.

Eines Tages saß im Restaurant des Hotels eine Gruppe von Gang-Mitgliedern, unter ihnen einer von Capones Killern. Alinsky war der einzige, der außer ihnen im Restaurant war. Der Killer fing an: »Kennt ihr schon diese Geschichte, als ich mir den Rothaarigen vorgeknöpft habe...« Die anderen stöhnten auf. »Mein Gott, wie oft müssen wir uns das denn noch anhören?« In dem Augenblick meldete sich Alinsky: »Mister, die würde ich gern hören!« Und der ließ sich das nicht zweimal sagen: »Komm mit deinem Stuhl rüber.«

Auf diese Weise kam Alinsky mit der Bande in Kontakt. Er lernte sie kennen, wobei ihm viele Dinge in kürzester Zeit klar geworden seien, mit denen sich Soziologen semesterlang beschäftigten. Er studierte das Leben einer Stadt, die von der Capone-Gang beherrscht wurde: »Ich fand heraus, daß das Leben ganz schön verrückt ist, daß man sich anstrengen muß, wenn man sagen will, wer nun der Bessere ist. Hier gab es diese kriminelle Bande und dort all die guten Leute, die der Markt für Schnaps, Weibsbilder und Glücksspiel waren. Mir wurde bewußt, daß die Capone-Gang ein riesiges Dienstleistungsunternehmen für die Bevölkerung Chicagos war. Die ganze Capone-Gesellschaft war im Grunde in die Öffentlichkeit gegangen; jeder besaß Anteile an ihr. Und die Gangster leisteten die wichtigsten Beiträge für wohltätige Zwecke. Wenn Capone am Tag der Pfadfinder ein Fußballspiel besuchte, standen 3 000 Pfadfinder auf und schrien: 'Yea, Al.' So etwas prägt deinen Charakter.«

Alinsky beschäftigte sich ein paar Jahre mit dem Bandenwesen Chicagos. Seine Doktorarbeit geriet dabei in Vergessenheit. Schließlich fing er an, in einem Gefängnis als Kriminologe zu arbeiten. Drei Jahre lang hielt er es dort aus. Er hatte das Gefühl, durch die Tätigkeit in einer Institution würde er abstumpfen und langsam aufhören, zu denken. Als er das bemerkte, wußte er, daß er aufhören mußte. Er war es leid, an Symptomen herumzudoktern, statt die Ursachen der Kriminalität zu bekämpfen: schlechte

Wohnverhältnisse, Diskriminierung, wirtschaftliche Unsicherheit, Arbeitslosigkeit und Krankheiten.

Während er eine Phase der »Desillusionierung« durchmachte, herrschten Hitler und Mussolini in Europa. Der Spanische Bürgerkrieg war ausgebrochen. Und in den Vereinigten Staaten führte die radikale CIO-Gewerkschaft unter der Führung von John L. Lewis eine großangelegte Organisationskampagne durch.

Alinsky schmiß von einem Tag auf den anderen seine Arbeit hin. Überall dort, wo sich etwas tat, war er zu finden: Er sammelte Spenden für die Internationalen Brigaden, die im Spanischen Bürgerkrieg kämpften. Er schaltete sich ein, wenn man Leute aus ihren Wohnungen schmeißen wollte, weil sie ihre Miete nicht mehr zahlen konnten. Er war bei den Streiks der Automobilarbeiter, die von der CIO organisiert wurden. Und er lernte viel von John L. Lewis, dem Gewerkschaftsführer, gegen den er noch als Student agitiert hatte und der jetzt zu einem seiner besten Freunde wurde.

Soviel ihn mit Lewis verband, Alinsky ging eigene Wege. Statt für die Gewerkschaftsbewegung zu arbeiten, kehrte er dorthin zurück, wo er einst selbst hergekommen war: in die Slums Chicagos, in das Viertel »Back of the Yards«, das Upton Sinclair in seinem Buch »Jungle« beschrieben hat, in die Brutstätte aller faschistischen Bewegungen der Millionenstadt. Er wollte den Faschismus an der Heimatfront bekämpfen, im »Höllenloch des Hasses«.

Alinsky verstand sich als »Organizer«, als Organisator. Seine Berufsbezeichnung: Antifaschist. Er wurde konfrontiert mit Apathie, Hoffnungslosigkeit, Enttäuschung, Sinnlosigkeit, Verzweiflung, Angst ... Er appellierte nicht an die Menschen, indem er moralische Werte predigte. Er sprach das Eigeninteresse an: »Schaut, ihr müßt das nicht hinnehmen; ihr könnt was dagegen tun. Ihr könnt Jobs kriegen, ihr könnt all die Schranken durchbrechen, die euch am Leben hindern. Aber ihr müßt Macht dazu haben, und diese Macht bekommt ihr nur, wenn ihr euch organisiert.« Die einzige Stärke, die die Habenichtse besitzen, so Alinsky, ist, daß sie viele sind. Und wenn sich diese vielen zusammenschließen, sich organisieren, dann können sie Druck ausüben, dann besitzen sie Macht, dann können sie die Besitzenden in die Knie zwingen, dann können sie den Status quo in Frage stellen, dann können sie über ihr eigenes Schicksal bestimmen, dann sind sie nicht länger Opfer, sondern Handelnde.

Alinsky mußte manche Rückschläge einstecken, aber nichtsdestotrotz schaffte er es: Er baute in »Back of the Yards« Ende der dreißiger Jahre eine starke »Community Organization«, eine starke Bürger-Organisation, auf. Er entwickelte Organisations- und Konflikttaktiken, die ihn zu einem vom Establishment gefürchteten Mann machten. Er wurde als »Rebell« verschrien, und er antwortete darauf: »Nennt mich einen Rebellen!« Er wurde als Radikaler denunziert, und er erwiderte, ja, er sei ein Radikaler, aber er stehe in der Tradition jener, die die Unabhängigkeit der Vereinigten Staaten von England erkämpft hätten. Er trete ein für die Verwirklichung des »American Dream«, des »Amerikanischen Traums«. Es seien die Radikalen gewesen, die die Demokratie erstritten hätten. Und er habe auch nichts dagegen, ein Revolutionär genannt zu werden. Schließlich sei die Demokratie eine der größten Revolutionen in der Geschichte der Menschheit gewesen, und die USA seien in einem Revolutionskrieg geboren worden.

Alinsky ist in der Tat ein Rebell, ein Radikaler, ein Revolutionär, aber kein Sozialist, kein Kommunist, sondern ein Demokrat, wenn man so will, ein Basis-Demokrat: »In einer Demokratie muß eine Regierung ständig auf den anhaltenden Druck des Volkes eingehen. Die einzige Hoffnung für die Demokratie ist, daß mehr Menschen und mehr Gruppen sich Gehör verschaffen und Druck auf ihre Regierung ausüben werden.«

Alinsky wollte Basis-Organisationen, Bürger-Organisationen aufbauen. Und er hatte damit Erfolg, in »Back of the Yards« und anderswo. Er fand einige wenige Geldgeber, die es ihm ermöglichten, 1940 die Industrial Areas Foundation zu gründen, die ihre Aufgabe darin sah, den Aufbau von Bürger-Organisationen in den USA zu unterstützen und Bürger-Organisatoren, sogenannte »community organizer«, auszubilden.

Bürger-Organisationen, das sind keine Stadtteilvereine, wie wir sie aus der Bundesrepublik kennen. Es sind auch keine Bürgerinitiativen, die sich mit einem speziellen Problem befassen.

»Die herkömmlichen Stadtteilvereine«, so Alinsky, »werden schnell feststellen, daß die Probleme des Lebens sich nicht einzeln in Zellophan einwickeln lassen, und weil sie sich nicht mit den Wurzeln der Probleme auseinandersetzen können und wollen, ziehen sie sich in die Sphäre trivialer, oberflächlicher Verbesserungsvorschläge zurück ... Das Programm einer echten Bürger-Organisation nimmt gelassen die überwältigende Tatsache hin, daß alle Probleme miteinander zusammenhängen und daß sie alle das Produkt bestimmter grundlegender Ursachen sind, daß letztlich der Erfolg bei der Überwindung dieser Mißstände nur durch einen Sieg über alle Mißstände erzielt werden kann.«

Das Ziel einer Bürger-Organisation in einem Slum kann nur die Beseitigung des Slums sein. Und dieses Ziel ist nur dann erreichbar, wenn in diesem Slum eine starke Bürger-Organisation entsteht, die mehr ist als eine Organisation der im Viertel vertretenen Organisationen: der Vereine, Gewerkschaften, Kirchengemeinden, Sportklubs ... Sie muß in der Bevölkerung verankert sein. Sie muß die Probleme aufgreifen, die ihr unter den Nägeln brennen, seien es nun verstopfte Abwasserkanäle, Ratten, Schlaglöcher in den Straßen, ein fehlender Zebrastreifen, Häuser, die verfallen, eine nicht funktionierende Müllabfuhr ... seien es Fragen der Gesundheitsversorgung, der Sozialhilfe, der Arbeit, der Umweltverschmutzung oder der Rassendiskriminierung.

Alinsky war der Meinung, daß Bürger-Organisationen nur von professionellen Organisatoren aufgebaut werden können, die etwas von ihrem Handwerk verstehen. Dabei reiche es nicht aus, bestimmte Techniken zu beherrschen, bestimmte Taktiken anzuwenden. Ein Organisator müsse das Vertrauen der Bevölkerung gewinnen, ihre Sprache sprechen, Menschen zusammenbringen ... Seine Aufgabe sei es, die entscheidenden Impulse zu geben, damit eine machtvolle Organisation des Volkes geschaffen wird, die dessen Interessen durchzusetzen vermag. Sein Ziel dürfe es nicht sein, selbst zum Führer dieser Organisation zu werden oder der Bevölkerung die Lösung ihrer Probleme abzunehmen.

Alinsky war nie Mitglied einer Bürger-Organisation, nicht einmal bei denen, die er selbst aufgebaut hatte. Das hätte seinen Überzeugungen widersprochen. Er wollte eine Bürgerrechtsbewegung schaffen, den Menschen durch Organisation Macht geben. Nicht mehr und nicht weniger. Er wollte nie ein Sprecher der Bürgerrechtsbewegung sein.

Alinskys Arbeit in Chicagos Slums machte jedoch von sich reden, was allerdings zunächst einmal das Verdienst einer Presse war, die ihn erledigen wollte, ihn als »subversive Bedrohung«, als Feind von Gesetz und Ordnung, als »Radikalsten der Radikalen« darstellte. Alinsky kümmerte sich nicht um derartige Attacken. Sie verschafften ihm vielmehr bei denen Glaubwürdigkeit, die ihm reserviert gegenübergestanden hatten und sich nun sagten: »Wenn ihn diese Zeitungen in der Luft zerreißen wollen, dann muß er in Ordnung sein!« Über nichts freute sich Alinsky mehr, als vom Establishment in der Öffentlichkeit als »gefährlich« gebrandmarkt zu werden. Er nannte das eine »Geburtsurkunde für den Organisator«, der nun nicht mehr der Bevölkerung in den Elendsvierteln begründen mußte, warum er sie organisieren wollte.

Aus allen Teilen der Vereinigten Staaten erhielt Alinsky Einladungen. So ging er in das schwarze Getto von Rochester im Bundesstaat New York, in die Viertel der Mexiko-Amerikaner in Los Angeles, nach Houston in Texas und Oakland in Ohio..., um dort mit seinen Mitarbeitern Bürger-Organisationen aufzubauen. Und überall wurde er gebührend empfangen. Mal demonstrierte der rassistische Ku Klux Klan bei seiner Ankunft am Flughafen, mal verabschiedete der Stadtrat eine Resolution, in der er zur unerwünschten Person erklärt wurde, und auf die Medien war immer Verlaß: Sie ernannten ihn zum »führenden Unruhestifter« der USA.

Es blieb nicht aus, daß er von örtlichen Sheriffs des öfteren festgenommen und für ein paar Stunden oder Tage ins Gefängnis gesteckt wurde. Doch er hatte nichts dagegen, für eine begrenzte Zeit aus dem Verkehr gezogen zu werden. Dort habe er, so Alinsky, die Ruhe gefunden, über seine Arbeit nachzudenken und seine Ideen, Ziele und Überzeugungen zu Papier zu bringen, wozu er sonst nie gekommen wäre. Zwischen 1940 und 1945 entstand so sein erstes Buch »Reveille for Radicals«. Alinsky: »Manchmal erzählte mir der Wärter, als ich gerade die Hälfte eines Kapitels geschrieben hatte, er wolle mich freilassen. Darauf meinte ich zu ihm: 'Ich will jetzt noch nicht gehen; ich brauche noch ein paar Stunden, bis ich mit meiner Arbeit fertig bin.' Das verwirrte sie. Aber nach einer Weile hatten sie sich daran gewöhnt.«

Bis zu seinem Tod im Jahre 1972 widmete sich Saul Alinsky voll der Organisationsarbeit. Ein Jahr vor seinem Tode erschien ein zweites Buch von ihm: »Rules for Radicals«. Darin beschäftigte er sich nicht allein mit dem Aufbau von Bürger-Organisationen in Stadtvierteln, sondern auch mit der Frage, welche Möglichkeiten die Mittelschicht besitzt, um ihre Interessen durchzusetzen, zum Beispiel in Sachen Umweltschutz gegen Unternehmen, die für Umweltverschmutzung verantwortlich sind. Sein Leitmotiv auch hier: Wenn sich die Bürger nicht aktiv am demokratischen Leben beteiligen, dann ist das das Ende der Demokratie. Die Bürger müssen sich organisieren; nur so erhalten sie die Macht, Druck auf die Besitzenden auszuüben und über ihr Leben selbst zu bestimmen.

Wer Alinskys Schriften liest, wird feststellen, daß er kein Theoretiker sein wollte. Wer sein Leben kennt, den wird dies nicht überraschen. Er spottete über Wissenschaftler im Elfenbeinturm, zum Beispiel über die soziologische Fakultät der University of Chicago, die für eine Untersuchung, wo es in der Stadt Prostitution gebe, 100 000 Dollar auf den Kopf haue, während jeder Taxifahrer einem dies erzählen könne und keinen Cent für solche Auskünfte verlange.

Alinsky war ein Mann der Tat, wie er es nannte. Er war ein einzigartiger Organisator, der die Massen in Bewegung setzen konnte, aber dabei selbst immer im Hintergrund blieb. Wer ihm begegnet sei, so schrieb Marion K. Sanders, sei schockiert gewesen: »Weil dieser Hitzkopf ein großer, grauhaariger, stämmiger, bebrillter und altmodisch gekleideter Mann war, der weniger wie ein aktiver Revolutionär aussah, sondern eher wie ein verwirrter Philosophieprofessor.«

Saul Alinsky hat sich große Verdienste um die Organisation der Bevölkerung in den Slums erworben. Die von ihm entwickelten Taktiken und Strategien haben großen Einfluß auf die schwarze Bürgerrechtsbewegung, die mexiko-amerikanische Landarbeiterbewegung und auch die Studentenbewegung in den USA gehabt.

Alinsky hat jedoch immer davor gewarnt, seine Arbeitsmethoden zu kopieren und seine Veröffentlichungen als Handbücher anzusehen, in denen man dann herumblättert, wenn man selbst nicht mehr weiter weiß: »Es gibt keine Rezepte für besondere Situationen, weil sich ein und dieselbe Situation niemals wiederholt, ebensowenig wie sich Geschichte wiederholt.«

Seine Schriften stellen eine Anleitung dar. Er formuliert Regeln und Prinzipien, die ein Organisator nie mißachten darf und die er jeweils auf konkrete Situationen klug und phantasievoll anwenden muß. Die zahlreichen Beispiele, die er anführt, dienen nur der Veranschaulichung dieser Regeln und Prinzipien. Die beschriebenen Verhaltensweisen und Aktionen sind nicht so ohne weiteres übertragbar.

In der Bundesrepublik ist bislang nicht der Versuch unternommen worden, Bürger-Organisationen aufzubauen. Das politische Leben hierzulande unterscheidet sich in einigen Punkten doch von dem in den USA. Hier gibt es eine stärkere Gewerkschaftsbewegung, sind die politischen Parteien vor Ort präsenter, ist die soziale Absicherung des einzelnen größer, sind die ethnischen Probleme nicht in dem Maße brisant, gibt es nicht Hunderte von Kirchen und Sekten, sondern im wesentlichen zwei Staatskirchen, um nur ein paar Dinge herauszugreifen. Ob jedoch Bürger-Organisationen deshalb hier überflüssig sind, wage ich zu bezweifeln, denn es kann in einer Demokratie nie zu viel Druck von unten auf die da oben ausgeübt werden.

Alinskys Arbeit wird in bundesrepublikanischen Universitäten gerne als »Gemeinwesenarbeit«, als Form der Sozialarbeit angesehen. Aus seinen »organizers« werden beispielsweise »Praxisberater« gemacht. Ich glaube nicht, daß diese Begriffe das treffen, was Alinsky wollte. Seine Berufsbezeichnung war, wie gesagt, Antifaschist, seine Tätigkeit bestand im Aufbau von machtvollen Massenorganisationen zur Ausübung politischen und wirtschaftlichen Drucks. Und hier können alle, die Basisarbeit leisten, von ihm lernen. Denn was Alinsky praktizierte, die Demokratie von unten, das haben wir in der Bundesrepublik bitter nötig. In diesem Land ist viel über »mehr Demokratie wagen« geredet worden. Alinsky hätte wahrscheinlich den Kopf geschüttelt: mehr Demokratie –

ein Wagnis? Er hätte schon in dieser Formulierung ein fehlendes Vertrauen der Herrschenden in das Volk gesehen. Mehr Demokratie – von oben ermöglicht? Sicher, er forderte eine Regierung, die ständig auf den anhaltenden Druck ihres Volkes eingeht. Aber er wußte genau, daß die Bürger ihre Rechte selbst erkämpfen müssen, daß sie nicht darauf hoffen dürfen, daß die da oben »mehr Demokratie wagen« oder freiwillig dem Volk mehr Gehör schenken. Er war immer der Meinung, daß eine parlamentarische Demokratie verkommt, wenn der einzelne Bürger nicht wirklich am demokratischen Leben teilhat beziehungsweise von ihm ausgeschlossen wird. Und er sah es als Aufgabe der Radikalen an, das Volk zu organisieren.

Alinskys Schriften, vor 40 und 15 Jahren verfaßt, haben nichts von ihrer Aktualität verloren. Im Gegenteil: Was Alinsky zu sagen hat, kann als konstruktive Infragestellung politischer Basisarbeit in der Bundesrepublik verstanden werden. In seiner erfrischenden, direkten Art vermittelt er wichtige Anregungen, gibt Anstöße, stellt Regeln und Prinzipien auf. Ein ums andere Mal verblüfft er den Leser, konfrontiert ihn: »Sie sind sicherlich auch ein typischer Herr Aber.« Immer wieder beweist er seinen Humor, den er übrigens für eine wichtige Eigenschaft des Organisators hält. Und ständig hat man den Eindruck, daß er zum Leser spricht, als stünde er vor irgendeiner Versammlung und halte eine Rede, der man zuhörte. Auch das ein Beweis, wie lebendig seine Schriften sind, wie er den Menschen anzusprechen und ihm nicht allein etwas zu erklären versucht, sondern es ihm im wahrsten Sinne des Wortes vor Augen führen will, so daß der berühmte Groschen fällt.

Christoph Heubner fragt in seinem Gedicht »Zuspruch«*:

> Wenn ich unsere verbitterten
> Gesichter sehe, frage ich mich:
> Haben die uns untergekriegt?
> Wenn ich unsere zerknitterten
> Gesichter sehe, frage ich mich:
> Haben wir gar nichts zu lachen?

---

* Christoph Heubner, Nach Hause gehen – Gedichte, Bornheim-Merten 1981

Ich meine, wir sollten den Zuspruch annehmen, uns von Alinsky inspirieren lassen. Das politische Leben in unserem Lande kann dadurch nur gewinnen, unsere Demokratie nur gestärkt werden.

Saul Alinsky schrieb am Ende des Vorworts zu seinem letzten Buch »Rules for Radicals«: »Ich grüße die gegenwärtige Generation. Bewahrt euch eine der schönsten Seiten der Jugend, das Lachen! Verliert es nicht, wie es manche von euch schon getan haben, ihr werdet es brauchen! Zusammen werden wir vielleicht einiges von dem erreichen, was wir suchen: Lachen, Schönheit, Liebe und die Möglichkeit, etwas zu erschaffen.«

Aus Alinskys Büchern »Reveille for Radicals« und »Rules for Radicals« habe ich die meiner Meinung nach wichtigsten Beiträge zusammengestellt und übersetzt. (Beide Bücher sind bereits einmal in der Bundesrepublik in den siebziger Jahren veröffentlicht worden unter den Titeln »Leidenschaft für den Nächsten« und »Stunde der Radikalen«. Es war jedoch nicht möglich, sie in dieser Form neu aufzulegen.) Ich hoffe, »Anleitung zum Mächtigsein« stellt eine gute Auswahl von Alinskys Schriften dar, und wünsche mir, daß sie hierzulande – wie schon in den Vereinigten Staaten – zu einem »Leitfaden für Radikale« (Chicago Daily News) werden, die eine für unsere Gesellschaft heilsame Unruhe stiften.

Karl-Klaus Rabe

Vorwort zur 2. Auflage

»In der Bundesrepublik ist bislang nicht der Versuch unternommen worden, Bürger-Organisationen aufzubauen... Ob jedoch Bürger-Organisationen hier überflüssig sind, wage ich zu bezweifeln, denn es kann in einer Demokratie nie zuviel Druck von unten auf die da oben ausgeübt werden«, schrieb Karl-Klaus Rabe 1984 im Vorwort der ersten Auflage der von ihm unter dem Titel »Anleitung zum Mächtigsein« herausgegebenen Schriften Saul D. Alinskys (siehe Seite 16).

In der Zwischenzeit ist viel geschehen. Mit dem Zusammenbruch der real-sozialistischen Staatensysteme in Osteuropa haben sich die politischen Machtkonstellationen auf internationaler Ebene grundlegend verändert. Den Deutschen bescherte der Untergang der DDR die »Wiedervereinigung«. Infolge der Übernahme von Regierungsverantwortung von Bündnis 90/Die Grünen, zunächst in einzelnen Kommunen und Ländern, seit Herbst 1998 gar auf Bundesebene, ist es um außerparlamentarische Aktivitäten und Protestformen in der Bundesrepublik recht still geworden. Dagegen hat sich auch hier die Polarisierung der Gesellschaft fortgesetzt: Die Kluft zwischen »Arm« und »Reich« ist in den zurückliegenden Jahren deutlich größer geworden. Der bundesdeutsche Sozialstaat, so wird von Politikerinnen und Politikern und erst recht von den Wirtschaftsverbänden immer wieder betont, scheint an der Grenze seiner Finanzierbarkeit angekommen zu sein. Mehr noch, angeblich zu üppig ausgestattete Sozialleistungen hemmen nach Ansicht des gleichen Personenkreises allerorts die Motivation und

Eigenaktivitäten der Bürgerinnen und Bürger. Angesichts derartiger Positionen ist der zunehmende Bedeutungsverlust der politischen Parteien und anderer gesellschaftlicher Großorganisationen als Repräsentanten des herrschenden parlamentarischen Systems nicht weiter verwunderlich. Die Schürung von Sozialneid gegen die vermeintlichen »Sozialschmarotzer« – Alinsky würde sagen »Habenichtse« – ist der Boden, auf dem Ausländerfeindlichkeit und Rechtsradikalismus in der Bundesrepublik gedeihen konnten.

Die so entstandenen gesellschaftlichen Probleme sollen nun ausgehend von dem Gedankengut des amerikanischen Kommunitarismus und unterstützt durch staatliche Förderprogramme angegangen werden. Hierbei soll das »bürgerschaftliche Engagement« in den Städten und Gemeinden unseres Landes gestärkt beziehungsweise wieder neu hervorgerufen werden. Eine Woche der Bürgergesellschaft wird proklamiert, und auch die rot-grüne Bundesregierung will laut Koalitionsvereinbarung das »Bürgerengagement anerkennen und unterstützen«. Nicht auszudenken, was geschähe, wenn alle diese Aktivitäten in den Aufbau von machtvollen Bürger-Organisationen nach dem Vorbild von Saul D. Alinsky münden würden! Daher bleibt sein Name und erst recht die von ihm entwickelten Organisationsprinzipien in derartigen von staatlicher Seite initiierten »Engagementmodellen« unerwähnt.

Die von Saul D. Alinsky mit großem Erfolg angewandten Strategien zum zumindest punktuellen Aufbau einer Gegenmacht in der US-amerikanischen Gesellschaft spielten in den siebziger Jahren in den theoretischen Konzepten der in der professionellen Sozialarbeit verwurzelten bundesdeutschen Gemeinwesenarbeit meist eine hervorgehobene Rolle. Von »konfliktorientierten« oder gar von »aggressiven« Ansätzen war damals die Rede. Heute jedoch ist dieser faszinierende Organizer auch in diesem Bereich weitgehend in Vergessenheit geraten, und stattdessen widmet sich der Großteil der gegenwärtigen Gemeinwesenarbeit – ganz im Sinne des »common sense« – eher moderierenden und auf einen Interessenausgleich abzielenden Stadtteil- beziehungsweise Quartier-Managementkonzepten zu oder entdeckt etwa die »lokale Ökonomie« als neues Handlungsfeld. Neben diesem Mainstream lassen aber auch eine Reihe von Gemeinwesenarbeitsprojekten, Stadtteilinitiativen und Bewohnergruppierungen bis heute Ideen von Alinsky und Elemente von dessen Organisationsprinzipien in ihre Arbeit einfließen. Insgesamt jedoch fristen die Strategien der »Graswurzelbewegung« in der Bundesrepublik eher ein Schattendasein. In den USA dagegen hat sich Community Organizing seit den Tagen von Saul D. Alinsky weiterentwickelt und verfestigt. Bürgerorganisationen sind dort in vielen Städten und Gemeinden aus dem öffentlichen Leben und aus dem kommunalpolitischen Geschehen heute nicht mehr wegzudenken. In der Auseinandersetzung mit gesellschaftlichen Mißständen, sei es die Verslumung von Wohngebieten oder aber die Gewalt an Schulen, wurden auf lokaler Ebene zahlreiche Erfolge erzielt. Daneben haben sich landesweite Netzwerke sowie überregional arbeitende Trainingsinstitute etabliert. Community Organizing in den USA bedeutet heute nicht mehr lediglich »peppige« Aktionen, wie zum Beispiel das im Buch beschriebene, von der Woodlawn-Organisation angedrohte »Shit in« auf dem Chicagoer O'Hare Airport (siehe Seite 150). Community Organizing ist vielmehr deutlich darüber hinausgehend ein weitverbreiteter Ansatz zur Gestaltung des öffentlichen Lebens durch die Bürgerinnen und Bürger des Gemeinwesens.

Doch wieder zurück zur Situation in der Bundesrepublik. Hier haben vier Studentinnen und Studenten der Sozialarbeit zu Beginn der neunziger Jahre in ihrer Abschlußarbeit die Unterschiede in Theorie und Praxis der bundesdeutschen Gemeinwesenarbeit und dem Community Organizing nach dem Vorbild von Alinsky umfassend und differenziert herausgearbeitet (Mohrlok u. a.: Let's organize, München 1993). Diese Veröffentlichung bildete den Ausgangspunkt einer erneut verstärkten Auseinandersetzung mit den Organisationsprinzipien von Community Organizing und beschränkte sich keineswegs ausschließlich auf den sozialarbeiterischen Personenkreis. Mittlerweile fanden in Deutschland vier Trainings in Community Organizing statt, jeweils durchgeführt von in den USA renommierten Organizern. Neben zahlreichen individuell organisierten Hospitationen und Praktika in Community-Organizing-Projekten in den USA, fand außerdem eine gemeinsame Studienreise zu den Wurzeln des Community Organizing nach Chicago statt.

Als Ergebnis werden seitdem auch in der Bundesrepublik die Bemühungen zur Verbreiterung der Ideen von Community Organizing intensiviert. Dies geschieht zum einen in der praktischen Umsetzung der gemachten Erfahrungen und gewonnenen Erkenntnisse in der eigenen beruflichen Praxis sowie im (kommunal-)politischen Engagement, zum anderen bei der Durchführung von Trainings mit auf Stadtteilebene aktiven Personen(-gruppen) oder im Rahmen von Fortbildungsveranstaltungen verschiedenster Träger beziehungsweise in der Ausbildung an Fachhochschulen. In mehreren Städten in der Bundesrepublik existieren gegenwärtig Bemühungen, den Aufbau von Bürger-Organisationen nach dem Vorbild von Alinsky in die Praxis umzusetzen. Begleitet werden diese Bestrebungen durch fachberaterische Unterstützung des von Alinsky gegründeten Netzwerkes und Trainingsinstitutes »Industrial Areas Foundation« (Chicago/USA). Verschiedene Veröffentlichungen und ein regelmäßig erscheinender Rundbrief zu aktuellen Entwicklungen im Community Organizing komplettieren die Aktivitäten auf bundesdeutschem Gebiet. Eingebettet sind diese seit Anbeginn in das seit 1993 existierende, bundesweite *Forum für Community Organizing e.V. (FOCO)*.

Sowohl die eingangs geschilderten gesellschaftlichen Entwicklungen in der Bundesrepublik als auch das hier wahrnehmbare wachsende Interesse an den Prinzipien und Arbeitsweisen von Community Organizing haben uns dazu bewogen, eine zweite Auflage von »Anleitung zum Mächtigsein« herauszugeben. Auch wenn wir in der von Karl-Klaus Rabe 1984 veröffentlichten Übersetzung der Schriften Alinskys heute an mehreren Stellen eine etwas andere Wortwahl treffen beziehungsweise andere Begrifflichkeiten verwenden würden, haben wir auf eine derartige Korrektur verzichtet, da dies eine weitgehende

Überarbeitung des gesamten Textes nach sich gezogen und seine Wiederveröffentlichung in weite Ferne gerückt hätte.

Prof. Dr. Lothar Stock
für das Forum für Community Organizing e.V.

Kontaktadresse:

Forum für Community Organizing e.V.
Brigitta Kammann
Adalbertsteinweg 104
52070 Aachen

»Organisieren ist das aktive Ausgraben der Geschichte eines Menschen, die gemeinsame Untersuchung der Bedeutung der Geschichte und die Gelegenheit, für die persönliche und gemeinsame Geschichte einen neuen Schluß zu schreiben.«

Larry McNeil (IAF Organizer)

I

Nennt mich einen Rebellen!

Was ist ein Radikaler?

Mögen Sie Menschen? Die meisten behaupten, sie mögen Menschen, mit ein »paar Ausnahmen«, natürlich. Wenn man diese Ausnahmen zusammenzählt, wird deutlich, daß die meisten Leute nur wenige Menschen mögen, nämlich ihresgleichen, und sie kümmern sich eigentlich nicht um die »anderen« Leute, oder sie verabscheuen sie sogar.

Sie sind ein weißer, in den USA geborener Protestant. Mögen Sie Menschen? Sie mögen Ihre Familie, Ihre Freunde, einige Ihrer Arbeitskollegen (aber nicht zu viele von ihnen) und einige Ihrer Nachbarn. Mögen Sie Katholiken, Iren, Italiener, Juden, Polen, Mexikaner, Schwarze, Puertoricaner und Chinesen? Empfinden Sie für diese Mitmenschen Sympathien, oder begegnen Sie ihnen mit kalter Verachtung und Ausdrücken wie Papisten, Micks, Itaker, Itzigs, Hunkies, Schmierer, Nigger, Spics und Schlitzaugen? Sollten Sie zu diesen Leuten gehören, die über andere Menschen so reden, dann mögen Sie keine Menschen.

Sie mögen dem widersprechen und sagen, daß sie nicht in diese Kategorie fallen. Sie bezeichnen die Menschen nicht mit derartigen Ausdrücken. Sie glauben, wirklich tolerant zu sein. Sie sind aufgeschlossen und respektieren andere Menschen, wenn sie wissen, wo sie hingehören - und dieser Ort ist nicht gerade nah an ihrer Anteilnahme. Sie glauben, Sie sind wirklich tolerant. Höchstwahrscheinlich sind Sie ein ausgezeichneter Vertreter dieser großen amerikanischen Klasse der Mr. But, der Herren Aber. Sind Sie Herrn Aber noch nie begegnet? Sicherlich haben Sie ihn schon mal getroffen, bei einem Geschäftsessen, bei einer Vereinsversammlung, bei politischen Kundgebungen, und wahrscheinlich begrüßt er Sie jeden Morgen, wenn Sie in den Badezimmerspiegel schauen.

Herr Aber ist aufgeschlossen, praktisch veranlagt und stolz, ein Christ zu sein. Sie haben ihn oftmals reden hören, wie Sie sich selbst schon oft haben reden hören. Was sagt er? Hören Sie dem großen US-Amerikaner zu. Herr Aber:

»Nun, keiner kann sagen, daß ich nicht ein Freund der Mexikaner bin oder daß ich Vorurteile habe, aber ...«

»Niemand kann sagen, daß ich ein Antisemit bin. Warum, meine besten Freunde sind Juden, aber ...«

»Sicher hält mich niemand für einen Reaktionär, aber ...«

»Ich glaube, keiner im Raum empfindet mehr Sympathien für die Schwarzen als ich. Immer habe ich eine gewisse Zahl von ihnen beschäftigt, aber ...«

»Es ist völlig in Ordnung, daß man für diese Leute gleiche Arbeitsbedingungen schafft, schließlich sind wir doch alle Amerikaner, aber ...«

»Jeder weiß, daß ich der erste bin, der gegen Ungerechtigkeiten kämpft, aber ...«

»Gewerkschaften sind wichtig, aber ...«

»Natürlich bin ich dafür, daß alle Amerikaner das Recht besitzen, überall dort zu leben, wo sie wollen, ganz gleich, welcher Rasse, Hautfarbe oder Abstammung sie sind, aber ...«

Sie sind sicherlich ein typischer Herr Aber. Sie reißen »tolerante« Witze hinter dem Rücken Ihrer Mitbürger über ihre Kleidung, ihr Aussehen, ihre Sprache, ihre Gewohnheiten und ihre Namen. Sie betrachten sich selbst als tolerant, und mit diesem einen Adjektiv charakterisieren Sie sich äußerst genau. In Wahrheit mögen Sie die Menschen nicht, Sie tolerieren sie. Sie sind sehr tolerant, Herr Aber. Sie verlassen ein Arbeitsessen, bei dem Sie neben einem Schwarzen gesessen und mit ihm geredet haben (und werden Ihren Freunden davon monatelang erzählen). Sie sind so überflutet und gefüllt von Ihrer eigenen Güte, daß Sie, wäre der Gedanke der Vater der Tat, mit Ihren neuen Engelsflügeln sofort abheben würden. (...)

Es gibt wenige, aber es wird mehr geben, die Menschen wirklich mögen, die Menschen lieben – alle Menschen. Sie waren menschliche Fackeln, die die Herzen der Menschen in Flammen setzten, so daß sie leidenschaftlich für die Rechte ihrer Mitmenschen kämpften, aller Menschen. Sie wurden gehaßt, gefürchtet und als Radikale gebrandmarkt. Sie trugen das Wort Radikale als Ehrenauszeichnung. Sie kämpften für das Recht des Menschen auf Selbstbestimmung, für das Recht des Menschen, als freier Mensch aufrecht zu gehen und nicht vor Königen zu kriechen. Sie kämpften für die Bill of Rights, für die Abschaffung der Sklaverei, für öffentliche Schulen und für alles Anständige und Lohnende. Sie liebten die Menschen und kämpften für sie. Das Leid ihres Nachbarn war ihr Leid. Sie handelten nach ihrem Glauben. (...)

Wer ist ein US-amerikanischer Radikaler? Der Radikale ist diese großartige Person, die wirklich glaubt, was sie sagt. Er ist eine Person, für den das Allgemeinwohl der höchste persönliche Wert ist. Der Radikale identifiziert sich so sehr mit der Menschheit, daß er die Schmerzen, die Ungerechtigkeiten und das Leiden aller seiner Mitmenschen teilt.

Für den Radikalen schlägt die Stunde immer, und jeder Kampf seiner Mitmenschen ist sein Kampf.

Der Radikale läßt sich nicht durch Parolen und Äußerlichkeiten narren. Er sieht den Problemen ins Auge und versteckt sich nicht wie ein Feigling unter dem bequemen Deckmantel verschleiernder Argumente. Der Radikale weigert sich, sich durch oberflächliche Probleme ablenken zu lassen. Er beschäftigt sich einzig und allein mit grundlegenden Ursachen statt mit gerade stattfindenden Demonstrationen. Sein Angriff konzentriert sich auf den Kern des Problems.

Was will der Radikale? Er will eine Welt, in der der Wert des Einzelnen Beachtung findet. Er will eine Gesellschaft schaffen, in der alle Fähigkeiten des Menschen ausgeschöpft werden können, eine Welt, in der der Mensch in Würde, Sicherheit, Glück und Frieden leben kann - eine Welt, die auf der Moral der Menschheit basiert.

Um diese Ziele zu erreichen, kämpfen die Radikalen um die Beseitigung aller Mißstände, die die Menschheit im Sumpf des Krieges, der Ängste, der Nöte und der Entmutigung gefangen halten. Der Radikale sorgt sich nicht nur um das wirtschaftliche

Wohlergehen des einzelnen Menschen, sondern um die Freiheit seines Geistes. Aus diesem Grund bekämpft er die Teile eines jeden Systems, die den Menschen zu einem Roboter machen könnten. Deshalb leistet er Widerstand gegen alles, was die Seelen der Menschen zerstören und sie zu ängstlichen, unterwürfigen, sorgenvollen und betrübten Schafen in Menschengestalt machen könnte. Der Radikale hat sich der Zerstörung der Wurzeln aller Ängste, Enttäuschungen und Unsicherheiten verschrieben, seien sie nun materieller oder psychischer Art. Der Radikale will den Menschen wirklich frei sehen. Nicht nur wirtschaftlich und politisch, sondern auch sozial. Wenn der Radikale von völliger Freiheit spricht, dann meint er das.

Der Radikale ist überzeugt, daß alle Völker in bezug auf Nahrung, Wohnung und Gesundheit einen hohen Standard erlangen sollten. Der Radikale ist ungehalten über das Gerede von Grenzen, die man sich setzen sollte. Ihn interessiert nur der Mensch, dessen Möglichkeiten so unbegrenzt wie der Horizont sind. Der Radikale ist von den Möglichkeiten des Menschen zutiefst überzeugt und hofft leidenschaftlich auf die Zukunft.

Der Radikale stellt die Menschenrechte weit über die Eigentumsrechte. Er ist für ein allgemeines, freies und öffentliches Erziehungssystem und betrachtet dies als grundlegend für ein demokratisches Leben. (...) Er kämpft für individuelle Rechte und gegen Machtkonzentration. (...) Der Radikale ist stark interessiert an Sozialplanung, ist aber gleichzeitig mißtrauisch und ablehnend gegenüber möglichen Planungen, die von oben nach unten funktionieren. Demokratie funktioniert für ihn von unten nach oben.

Der Radikale ist ein erbitterter Verfechter von Minderheitenrechten, wird aber jede Minderheit bekämpfen, die mit der Keule der Minderheitenrechte versucht, den Willen der Mehrheit bewußtlos zu prügeln. (...)

Der Radikale glaubt an die Verwirklichung der Chancengleichheit für alle Völker, ungeachtet ihrer Rasse, ihrer Hautfarbe oder Abstammung. Er fordert Vollbeschäftigung zur wirtschaftlichen Absicherung, aber er besteht darauf, daß die Arbeit des Menschen ihm nicht allein eine wirtschaftliche Sicherheit bietet, sondern daß sie auch die kreativen Wünsche eines jeden befriedigt. Der Radikale sieht die Wichtigkeit eines Jobs nicht allein im persönlichen Einkommen, sondern auch in seiner allgemeinen sozialen Bedeutung. Der Radikale weiß, daß der Mensch nicht nur ein ökonomisches Wesen ist. Der ganze Mensch ist jemand, der einen bestimmten Beitrag zum allgemeinen sozialen Wohlergehen leistet und ein wichtiger Teil der Gemeinschaft der Interessen, Werte und Ziele ist, die das menschliche Leben bedeutungsvoll machen. Der ganze Mensch braucht eine ganze Arbeit – eine Arbeit für Herz und Hand –, eine Arbeit, bei der er sich sagen kann: »Was ich tue, ist wichtig und hat seinen Stellenwert.«

Der Radikale in den USA kämpft gegen Privilegien und Macht, ob sie nun von einer kleinen Gruppe ererbt oder erworben worden sind, ob sie nun politischer oder finanzieller oder organisatorischer Art sind. Er verdammt das Kastensystem und ist sich bewußt, daß es, allen gegenteiligen Beteuerungen zum Trotz, existiert. Er wird die Reaktionäre bekämpfen, ob sie nun Wirtschafts- oder Gewerkschaftsführer sind. Er wird jede Machtkonzentration bekämpfen, die der Feind einer breiten, populären Demokratie ist, ob er sie nun in Finanzkreisen oder in der Politik antrifft.

Der Radikale erkennt, daß der ständige Streit und Konflikt immer das Feuer unter dem Dampfkessel der Demokratie gewesen sind. Er ist fest von dem tapferen Wort eines tapferen Volkes überzeugt: »Lieber auf den Füßen stehend sterben, als auf den Knien leben!« Der Radikale mag das Schwert ergreifen, aber sollte er dies tun, ist er nicht von Haß gegen die Individuen erfüllt, die er angreift. Er haßt diese Individuen nicht als Personen, sondern als Symbole der Ideen oder Interessen, von denen er glaubt, sie seien für das Wohl der Allgemeinheit schädlich. Das ist der Grund, warum sich Radikale zwar häufig an Revolutionen beteiligt haben, aber selten Zuflucht zu persönlichen Terrorakten gesucht haben.

Der Radikale mag der Öffentlichkeit als gewalttätige Person erscheinen. Wenn sich Radikale jedoch äußerlich stürmisch und kämpferisch zeigen, so besitzen sie andererseits eine innere Größe. Diese Größe kommt nur von der Konsequenz ihres Gewissens und Verhaltens. Der erste Teil des Gebets von Franz von Assisi drückt die Hoffnungen, Bestrebungen, Träume und Anschauungen des Radikalen ziemlich deutlich aus: »O Herr, mache mich zu einem Werkzeug deines Friedens, daß ich Liebe übe, wo man sich haßt, daß ich verzeihe, wo man sich beleidigt, daß ich verbinde, wo Streit ist, daß ich Hoffnungen wecke, wo Verzweiflung quält, daß ich ein Licht anzünde, wo die Finsternis regiert, daß ich Freude bringe, wo der Kummer wohnt.«

Niemand, der seine Mitmenschen erbarmungslos ausbeutet, sollte aus der Erhabenheit und geistigen Güte der Hoffnungen des Radikalen schließen, daß dieser nicht für die Verwirklichung des Gedichtes eintreten wird, denn neben diesem Gebet trägt er auch noch die Worte Jehovas bei sich: »Wenn ich mein funkelndes Schwert wetze und Gericht halte, werde ich mich an meinen Feinden rächen und diejenigen, die mich hassen, werde ich bestrafen. Meine Pfeile werden trunken sein von Blut, und mein Schwert wird das Fleisch verschlingen und das Blut der Erschlagenen und Gefangenen und die zermalmten Köpfe der Feinde.« (...)

Ich habe von den Zielen und Idealen eines perfekten Radikalen gesprochen. Vollkommenheit läßt sich unter Menschen kaum erreichen, aber diese Ziele und Ideale sind ein Wegweiser zu einem Fernziel. Wir dürfen nicht vergessen, daß es fast unmöglich ist, einen vollkommenen Christen oder Juden zu finden. Genauso unmöglich ist es, einen Radikalen zu finden, der all dem gerecht wird. Menschen sind nicht völlig gut oder völlig böse, weder Engel noch Teufel. In der Geschichte der Menschheit gibt es nur wenige, deren Gedanken und Handlungen sie aus der Masse herausheben. Dann sind da jene, die fast ihr gesamtes irdisches Leben in der Finsternis zugebracht haben, aber für eine kurze Zeit, für einen Monat oder ein paar Jahre, das Licht erblickten und alles in einer Aktion oder einer Tat riskierten, die zweifellos radikal war. Diese Männer und Frauen sind in unserem Sinne radikal.

Nur ein Perfektionist würde allein den radikal nennen, der sein ganzes Leben lang konsequent radikal gewesen ist. Nach dem Radikalen zu forschen, der in allen Belangen radikal ist, hieße, nach der vollendeten Reinheit zu suchen. (...)

Die Krise

Die Chinesen schreiben das Wort »Krise« mit zwei Schriftzeichen. Das eine bedeutet »Gefahr« und das andere »günstige Gelegenheit«. Zusammen ergeben sie »Krise«.

Gefahr

Die Gefahr ist die Furcht vor der Zukunft. Wir stehen dem Unbekannten gegenüber. Der Mensch hat immer unerschrocken den größten Gefahren und Übeln, die er kennt, ins Auge gesehen und die Situation gemeistert, aber er wird vor dem Unbekannten verunsichert, verwirrt und in tiefer Furcht zurückweichen. Ob wir es mögen oder nicht, ob wir uns bewußt entscheiden, es anzuerkennen oder nicht, die Welt ist in immer stärkerem Maße gewaltsamen revolutionären Umwälzungen ausgesetzt. Die Welt, wie wir sie gestern noch kannten, ist tot, als wäre sie vor einem Jahrhundert gestorben. Zwar erhalten sich gewisse Formen und Dinge aus der Welt von gestern, wie wir wissen, aber sie sind nichts als Geister der Vergangenheit, die von selbst schließlich aus dem Gedächtnis verschwinden und die wir Geschichte nennen.

Viele Menschen sehnen sich trotzdem zu dem zurück, was gewesen ist. Sie sehnen sich nach der Vergangenheit mit all ihren Irrtümern, weil sie mit ihr vertraut sind. Die Angst, unbeirrt nach vorn zu blicken und aufrichtig nach den Möglichkeiten zu suchen, die sich uns bieten, ist tatsächlich einer der wichtigsten Faktoren bei der Entstehung der Krise. Die Angst der Masse, die vor ihr liegende Dunkelheit zu durchdringen, läßt uns zu Unentschlossenheit und Elend erstarren. Solange wir uns der Zukunft nicht stellen und sie nicht soweit wie möglich erforschen, werden wir nicht nur machtlos bei der Gestaltung unseres eigenen Schicksals sein, sondern auch unfähig, neue Möglichkeiten zu erkennen und auszunutzen. Wenn wir nicht ständig in die Zukunft spähen, werden wir die vielen Möglichkeiten nicht sehen, die sie uns bietet; wir werden es versäumen, sie zu ergreifen, und alles wird in einer Tragödie enden. Wir werden unsere größte Chance verpassen, unsere einzige Chance, wenn wir weiterhin nach hinten blicken anstatt nach vorne. Nach der Vergangenheit zu jagen heißt nach einer Fata Morgana zu suchen. Die Vergangenheit ist tot, und die Menschen können nicht als Geister weitermachen. Wir können jedoch das Licht der Zukunft nicht erkennen, wenn wir absichtlich unsere Augen schließen und unsere Köpfe abwenden.

Wir wollen das Unbekannte betrachten, um festzustellen, wie unbekannt es ist. Laßt uns sehen, über welche Waffen wir verfügen, um der Herausforderung, die vor uns liegt, zu begegnen. Wissen und Voraussicht sind unter unseren unschätzbaren Waffen; deshalb laßt uns herausfinden, was wir wissen.

1. Wir wissen über die zerstörerischen Waffen des Atomzeitalters, daß wir entweder dem Krieg für immer ein Ende setzen werden oder er uns für immer ein Ende setzen wird.

2. Wir wissen von allem über uns, daß die demokratische Lebensform der gangbarste Weg für den Menschen ist, die Schranken zwischen sich und seinen Hoffnungen auf die Zukunft niederzureißen.

3. Wir wissen, daß bis heute die meisten unserer Schmerzen, Enttäuschungen, Niederlagen und Fehler auf den Gebrauch eines unzulänglichen Instruments zurückzuführen sind: die einseitige Demokratie.

4. Wir wissen, daß die Verwirrung und die inneren Konflikte, die in den Menschen toben, zu den größten Hindernissen bei der Lösung der Probleme der Menschheit gehören. Es ist die enorme Diskrepanz zwischen unseren moralischen Grundsätzen und unseren Verhaltensweisen. Es ist das menschliche Dilemma, das ständig einen Schatten der Schuld über die edelsten Bemühungen

des Menschen wirft. Es nagt an unserem Lebensnerv und treibt uns in die Irrationalität.

5. Wir wissen, daß der Mensch den Glauben an sich selbst finden muß - an seinen Mitmenschen und an seine Zukunft.

6. Wir wissen, daß schon die kleinste Ungerechtigkeit böswillig ist und sich weltweit ausbreitet, wenn ihr nicht sofort Einhalt geboten wird.

7. Wir wissen, daß der Mensch aufhören muß, das Goldene Kalb und das Monster des Materialismus anzubeten. Wir sind an dem Punkt angelangt, wo der Mensch geistige Werte besitzen muß, wenn er physisch überleben will.

8. Wir wissen, daß wir uns mit den wichtigsten Ursachen beschäftigen müssen und nicht mit Endergebnissen.

9. Wir wissen, daß wir uns mit den Verpflichtungen der Menschheit ebenso auseinandersetzen müssen wie mit ihren Rechten. Wir müssen erkennen, daß die Menschen ihre Verpflichtungen gegenüber ihren Mitmenschen und der Gesellschaft dann übernehmen, wenn sie das Gefühl haben, daß sie tatsächlich ein Teil der Gesellschaft sind, und die Gesellschaft soviel für sie bedeutet, daß sie sich wirklich verpflichtet fühlen oder Verpflichtungen besitzen.

Die Welt ist überflutet mit Allheilmitteln, Formeln, Gesetzesvorschlägen, Maschinerien, Auswegen und Tausenden von Lösungen. Es ist bezeichnend und tragisch, daß sich fast alle der vorgeschlagenen Pläne und vermeintlichen Lösungen mit der Gesellschaftsordnung beschäftigen, aber keine das Wesentliche berücksichtigt: das Volk. Und das trotz der ewigen Wahrheit des demokratischen Grundsatzes, daß die Lösung immer beim Volk selbst liegt. (...)

Wir können jedes unserer Probleme betrachten. Wir haben gesagt, daß wir dem Krieg ein Ende setzen müssen, sonst bereitet uns der Krieg mit Sicherheit ein Ende. Es ist einleuchtend, daß es dann keinen Krieg mehr geben wird, wenn die Völker der Welt frei sind, informiert, wenn sie an allem vollen Anteil nehmen, wenn sie zusammenarbeiten, ihre eigenen Probleme und die ihrer Mitmenschen verstehen, wenn sie sich der einfachen Wahrheit bewußt sind, daß ihr eigenes Wohlergehen ein Bestandteil des Wohlergehens aller anderen ist, wenn sie fest an sich und ihre Mitmenschen glauben und sich den Idealen menschlicher Anständigkeit verpflichtet fühlen.

Wenn wir andererseits unsere gesamte Aufmerksamkeit strukturellen Problemen widmen, fallen wir der alten Täuschung anheim, daß Gesetze Menschen prägen und nicht die Menschen die Gesetze machen. Die katastrophale Erfahrung, die in den USA mit dem nutzlosen Versuch gemacht wurde, den Genuß von Alkohol gesetzlich zu verbieten, was den Wünschen der großen Mehrheit der US-Brüger widersprach, ist ein deutliches Beispiel für diese Art trügerischen, unrealistischen, sogenannten Denkens.

Dies also ist die Gefahr, die uns konfrontiert, wenn wir der Krise ins Auge blicken.

Die günstige Gelegenheit

So klar sich die Gefahr zeigt, so deutlich präsentiert sich die günstige Gelegenheit selbst. Sie ist eine der vielen Möglichkeiten, die der Menschheit gegeben worden ist, um zu erkennen, daß die Hoffnung auf das zukünftige Leben darin besteht, für das Wesentliche der Welt, nämlich für die Menschen zu arbeiten, anstatt sich weiterhin auf die Strukturen zu konzentrieren. Das Wesentliche der Gesellschaft findet man nicht in ein paar verstreuten, erlesenen Universitätsseminaren, sondern bei den gewaltigen Massen kämpfender, schwitzender Männer und Frauen, die die Milliarden von Menschen auf der Welt ausmachen.

Unser gesamtes Streben muß auf die Arbeit mit dem Volk ausgerichtet sein, nicht nur um die Lösung zu finden, sondern um überhaupt zu gewährleisten, daß es eine Lösung geben wird. Die Möglichkeit, mit dem Volk zu arbeiten, bedeutet die Erfüllung des menschlichen Traums. Es ist die Gelegenheit für ein Leben in Frieden, Glück, Sicherheit, Würde und mit Erfolg. Die Gelegenheit, eine Welt zu schaffen, in der das Leben so wertvoll, lebenswert und bedeutungsvoll ist, daß die Menschen nicht andere Menschen umbringen, nicht andere Menschen ausbeuten, sei es nun wirtschaftlich, politisch oder sozial, in der es soziale Werte und nicht selbstsüchtige geben wird, in der der Mensch nicht als Christ oder Nicht-Christ beurteilt wird, als schwarz, gelb oder weiß, als reich oder arm, sondern als Mensch. Eine Welt, in der das Verhalten des Menschen seine ethischen Lehrsätze einholt und in der er völlig das Leben führen wird, das dem entspricht, was er verkündet. Eine Welt, in der der Mensch wirklich als Ebenbild Gottes angesehen und behandelt wird, in der »alle Menschen gleich geschaffen sind«. Das ist die Möglichkeit. Können wir sie ungenutzt lassen?

Wenn wir unsere Aufmerksamkeit dem Volk zuwenden, sind wir mit einem Problem konfrontiert. Dies Problem ist so tiefgreifend, so grundsätzlich, so stark, daß es alle anderen Probleme, die wir für die Gebrechen der Menschheit halten, übersteigt. Diesem einen Problem müssen wir jedes Quäntchen unserer Kraft, unseres Glaubens und unserer Hoffnung widmen. Dies ist die Aufgabe, die vor uns liegt! Und zwar schon seit undenklichen Zeiten. Es geht um das Erwachen unseres Volkes aus der bodenlosen Apathie, die aus dem Verfall und Zusammenbruch eines Großteils unserer wenigen Ideale erwuchs, an die sich die Menschheit so verzweifelt geklammert hatte.

Was ist das für eine Apathie, die den US-Bürger John Smith so stark infiziert hat, daß er in äußerster Enttäuschung, Verzweiflung und Hoffnungslosigkeit das Leben gegen das bloße Dasein eintauscht? Laßt uns für einen Moment unsere Augen vom riesigen, überwältigenden Bild der Massen des Volkes abwenden und uns diesen John Smith ansehen. Laßt uns den grundlegenden Irrtum vermeiden, der bei den allermeisten Untersuchungen über das Volk begangen wird, die zwar mit Statistiken und Beschreibungen von allem möglichen voll sind, dabei aber den Menschen vergessen, das menschliche Wesen, eben diesen John Smith.

Wie viele Menschen haben sich jemals über das Leben des durchschnittlichen US-Arbeiters Gedanken gemacht? Nicht über das Leben, das er führt, wenn er arbeitslos ist, sondern über das, wenn er arbeitet. Es ist ein einfaches Leben. Er steht am Montagmorgen auf und nimmt seinen Platz am Fließband ein. Er arbeitet am Fließband und wiederholt schier endlos immer wieder bestimmte festgelegte Handgriffe. Am Ende der Woche verläßt er die Hölle der Eintönigkeit mit seiner Lohntüte und geht nach Hause, in die zweite Runde der Monotonie. Er schaut sich vielleicht ein Fußballspiel an. Vielleicht geht er abends ins Kino oder sitzt mit einigen Freunden herum und spielt Karten. Am Sonntagmorgen weckt ihn seine Frau zum Kirchgang. Nachmittags mag er Freunde hier und dort besuchen oder herumsitzen, Fernsehen gucken, ein Bierchen trinken, und dann geht er ins Bett. Am Montagmorgen steht er wieder am Fließband. Auf diese Weise verläuft sein Leben mit gewissen Veränderungen im Laufe der Jahre, und er fragt sich, was er und seine Familie im Alter tun werden. Während der ganzen Zeit häufen sich die Krankheiten und die Arztrechnungen. Seine Familie vergrößert sich ständig mit all den daraus resultierenden finanziellen Sorgen. Das ist im ganzen gesehen sein Leben. Eine Routine, in der er verkommt. Seine Aussichten sind so trostlos, öde und grau, wie man sie sich nur vorstellen kann. Nichts Dramatisches, nichts Aufregendes, nichts Hoffnungsvolles, keine Erfüllung irgendwelcher Wünsche außer in seinen Träumen. Kurz, eine Zukunft von äußerster Verzweiflung. (...)

Warum solch eine Zukunft? Warum muß das Leben so öde und abgestumpft sein, daß es aufhört, wirkliches Leben zu sein, und zur bloßen physischen Existenz wird – man nicht Leib und Seele zusammenhält, sondern nur noch versucht, den Körper zusammenzuhalten. Hätte der gewöhnliche Mensch eine Möglichkeit zu erfahren, daß er Herr seiner eigenen Bestrebungen sein kann, daß er die Zukunft wie die Gegenwart mitgestalten kann, daß er zu einem gewissen Grad an seinem Schicksal etwas ändern kann, daß es einen Traum gibt, für den er kämpfen kann, dann wäre das Leben wunderbar.

In unserer modernen verstädterten Gesellschaft sind viele Menschen zur Anonymität verdammt – zu einem Leben, bei dem die meisten weder ihre eigenen Nachbarn kennen, noch sich um sie kümmern. Sie sind vom Leben in ihrem Stadtteil und in ihrer Nation isoliert, von sozialen Kräften, die sie nicht kontrollieren, in kleine individuelle Welten gedrängt worden, in denen individuelle Ziele Vorrang vor dem Allgemeinwohl haben. Gesellschaftliche Ziele, das Allgemeinwohl, das Wohl der Nation, die demokratische Lebensweise, alles das ist zu nebulösen, bedeutungslosen, leeren Phrasen geworden.

Diese Anonymität in den Städten, die Trennung des einzelnen vom allgemeinen sozialen Leben nagt an den Fundamenten der Demokratie. Denn, obwohl wir uns als Bürger einer Demokratie verstehen und alle vier Jahre wählen, glauben Millionen unserer Mitmenschen im Innersten ihres Herzens, daß sie keinen Stellenwert besitzen, daß sie nicht zählen. Sie besitzen keine eigene Stimme, keine eigene Organisation (in der sie nicht nur Mitglied sind), die sie vertritt, sie finden keinen Weg, um mit ihren Händen und Köpfen ihr eigenes Schicksal zu gestalten. (...)

Wir leben in einer Industriegesellschaft. Sie hat uns unzählige materielle Vorteile gebracht. Sie sorgte für soziale Aufklärung, einen höheren Lebensstandard, eine große Ausweitung des Bildungsangebots und kultureller Möglichkeiten. Neben diesen Vorteilen sind jedoch derart bedrohliche Kräfte erwachsen, daß sie genau die Fundamente angreifen, auf denen die Hoffnungen derer ruhen, die sich der demokratischen Lebensweise verschrieben haben. Diese zerstörerischen Kräfte sind Arbeitslosigkeit, Korruption, Krankheit und Kriminalität. Durch die Verwüstung dieser Kräfte brechen Mißtrauen, Engstirnigkeit, Unordnung und Demoralisierung hervor. Dies alles sind bedeutende Anzeichen für eine rasch anwachsende Krise der Verwirrung in unserem demokratischen Leben. Wir müssen dieser Herausforderung realistisch begegnen und ihr gerecht werden, wollen wir die Zukunft der Demokratie sichern.

Nirgendwo werden die Zwänge, Spannungen und Konflikte der modernen Industriegesellschaft auf so dramatische Weise deutlich wie im eigentlichen Herzen dieser Zivilisation, den Stadtteilen. Hier schwitzt und kämpft und leidet unser Volk. Hier umarmen verkommene Wohnungen und Behausungen den Körper und den Geist der Menschen in einem Kreis des Verfalls. Hier hungern die Menschen nach Arbeit und dem Recht auf Leben, um aus dem Sumpf der Demoralisierung zu entkommen, der sie umgibt. Hier vergreifen sich entmutigte, verbitterte, tödlich gequälte Menschen an ihren Mitmenschen mit der blinden Wut des Vorurteils und des

Hasses. Hier sind die Auseinandersetzungen zwischen Kapital und Arbeit keine »interessanten Themen« kontroverser Diskussionen geworden, sondern rauher, bitterer, blutiger Konflikt – der Kampf ums Leben. Hier zeigen sich unsere grundlegenden Probleme in ihrer ganzen häßlichen Nacktheit. Diese warnenden Signale aus dem Herzen unserer Industriegesellschaft können und dürfen wir nicht ignorieren oder ihnen ausweichen.

In diesen Stadtvierteln leben die Menschen wie in allen anderen Gebieten in Nachbarschaften zusammen. Dort bringen sie in einer demokratischen Gesellschaft ihre Wünsche und Forderungen durch eigene Organisationen zu Ausdruck. (...) Das Volk ist der Motor, die Organisationen des Volkes sind das Getriebe. Die Macht des Volkes wird durch das Getriebe ihrer eigenen Organisationen übertragen, und die Demokratie bewegt sich vorwärts.

Unter eigenen Organisationen verstehen wir solche, in denen das Volk mitmacht, die dem Volk gehören und durch die es seinen Interessen, Hoffnungen, Gefühlen und Träumen Ausdruck verleiht. Es handelt sich um Organisationen, die wirklich vom Volk ausgehen, vom Volk getragen werden und für das Volk bestimmt sind, Organisationen, die durch ihren Charakter eine dynamische demokratische Philosophie darlegen und artikulieren. Weil es selbstverständlich ist, daß ein nicht organisiertes Volk nicht als Einheit handeln kann, ist es genauso selbstverständlich, daß ein Volk keine allgemein gültige Philosophie formulieren kann für die vielen unterschiedlichen Gesinnungen, Traditionen und Empfindungen, solange die Menschen nicht zusammenfinden und durch einen Prozeß der gegenseitigen Beeinflussung eine für alle vertretbare Philosophie erreichen.

Es leuchtet ein, daß die Existenz dieser Organisationen für das Funktionieren der Demokratie lebenswichtig ist, denn ohne sie fehlt uns die Triebkraft zur Entwicklung der demokratischen Lebensweise. (...)

Demokratie ist eine Lebensweise und keine Formel, die man in Gelee »konserviert«. Demokratie ist ein Prozeß, eine pulsierende, lebendige Bewegung der Hoffnungen und des Fortschritts, die ständig die Verwirklichung der Ziele im Leben anstrebt: die Suche nach Wahrheit, Gerechtigkeit und Menschenwürde. Es gibt keine

Demokratie, solange sie nicht dynamisch ist. Wenn unser Volk nicht länger für einen Platz an der Sonne eintritt, werden wir alle in der Dunkelheit der Dekadenz verwelken. Wir werden alle zu stummen, enttäuschten, verlorenen Seelen.

Ein Wort über Wörter

Die Leidenschaften der Menschheit sind in allen Bereichen des politischen Lebens spürbar, einschließlich des Vokabulars. Die gängigsten politischen Ausdrücke sind mit dem Makel menschlicher Schmerzen, Hoffnungen und Enttäuschungen behaftet. Sie sind in den Augen der Öffentlichkeit alle mit Schmach belastet, und ihr Gebrauch führt zu bedingten negativen emotionalen Reaktionen. Selbst das Wort »Politik«, das im Lexikon als »die Wissenschaft und Kunst der Staatsführung« definiert wird, wird gemeinhin im Zusammenhang mit Korruption gesehen. Ironischerweise sind die sinnverwandten Begriffe im Wörterbuch »besonnen, umsichtig, diplomatisch, weise«.

Eben dieser Verlust an Farbe betrifft auch andere in der Sprache der Politik vorherrschende Wörter wie »Macht«, »Eigeninteresse«, »Kompromiß« und »Konflikt«. Sie sind verdreht und verfälscht worden, gelten als böse. Nirgendwo ist das vorherrschende politische Analphabetentum deutlicher geworden als in den typischen Interpretationen dieser Wörter. Deshalb halten wir ein, um ein Wort über Wörter zu verlieren.

Macht

Es stellt sich die berechtigte Frage, warum wir nicht andere Wörter gebrauchen, Wörter, die das gleiche meinen, aber friedvoller sind und nicht zu solch negativen Reaktionen führen. Es gibt eine Reihe von wichtigen Gründen für die Ablehnung solcher Ersatzwörter. Durch Wortkombinationen wie »Nutzbarmachung der

Kräfte« statt dieses einzelnen Wortes »Macht« beginnen wir, die Bedeutung abzuschwächen, und sobald wir abgeklärte sinnverwandte Begriffe benutzen, verschwinden die Bitterkeit, die Pein, der Haß und die Liebe, die Schmerzen und der Triumph, die mit diesen Wörtern verbunden sind, und wir hinterlassen eine sterile Imitation des Lebens. In der Politik des Lebens haben wir es mit Sklaven und Caesaren zu tun, nicht mit unberührten Jungfrauen. Und es geht nicht nur um das: in unseren Gesprächen und Überlegungen müssen wir uns immer um Einfachheit bemühen. (...) Mehr noch: es ist die wichtigste Aufgabe, keinen Umweg um die Realität zu machen.

Ein anderes Wort als »Macht« zu gebrauchen heißt, die Bedeutung von allem, worüber wir reden, zu ändern. Wie sagte noch Mark Twain einmal: »Der Unterschied zwischen dem richtigen Wort und dem fast richtigen Wort ist der Unterschied zwischen der Erleuchtung und einem Glühwürmchen.«

»Macht« ist das richtige Wort genauso wie »Eigeninteresse«, »Kompromiß« und die anderen einfachen Wörter der Politik, denn sie machen Politik begreifbar und sind von Anfang an zu einem Teil von ihr geworden. Diejenigen, die diese direkte Sprache nicht verstehen und auf Schonkost angewiesen sind, verschwenden ihre Zeit. Sie können und werden mit Sicherheit nicht das verstehen, was wir hier erörtern. (...)

Wir erreichen einen kritischen Punkt, wenn unsere Zungen unseren Überlegungen eine Falle stellen. Ich will mich nicht auf Kosten der Wahrheit durch Takt reinlegen lassen. Indem wir die Kraft, die Vitalität und die Einfachheit des Wortes »Macht« zu vermeiden suchen, entwickeln wir bald eine Abneigung gegen lebendiges, einfaches, ehrliches Denken. Wir bemühen uns, sterile Begriffe zu erfinden, die frei sind von dem üblen Beigeschmack des Wortes »Macht« - aber die neuen Wörter bedeuten etwas anderes, so daß sie uns betäuben, unsere Gedanken vom eigentlich Wichtigen wegführen, den konfliktreichen, grimmigen und realistischen machtbestimmten Bahnen des Lebens. Wer den süßer riechenden, friedvollen, gesellschaftlich mehr akzeptierten, stärker anerkannten, unbestimmten Umweg geht, scheitert, wenn er ein echtes Verständnis für die Probleme zeigen soll, die wir begreifen müssen, wenn wir unsere Aufgabe erfüllen wollen.

Betrachten wir das Wort »Macht«. »Macht«, »die physische, geistige oder moralische Fähigkeit zum Handeln«, ist zu einem üblen Wort geworden, bei dem Ober- und Untertöne mitschwingen, die das Unheilvolle, Schädliche und Skrupellose anklingen lassen. Es suggeriert ein Blendwerk niederer Regionen. Schon bei der Erwähnung des Wortes »Macht« öffnet sich im Geiste die Hölle, aus der der Gestank des teuflischen Pfuhls der Korruption ausströmt. Bilder der Grausamkeit, Unaufrichtigkeit, Selbstsucht, Arroganz, Diktatur und des elenden Leids werden wachgerufen. Das Wort »Macht« ist mit Konflikt verknüpft; es ist nicht akzeptierbar in einer von der Werbebranche der Madison Avenue keimfrei gemachten Welt, in der Gegensätze als Lästerung angesehen werden und der einzige Wert darin besteht, zueinander nett zu sein. »Macht« ist unserer Ansicht nach fast gleichbedeutend mit Korruption und Unmoral geworden.

Wann immer das Wort »Macht« erwähnt wird, führt irgend jemand früher oder später den klassischen Ausspruch von Lord Acton an und zitiert ihn folgendermaßen: »Macht korrumpiert, und absolute Macht korrumpiert absolut.« Tatsächlich lautet das richtige Zitat: »Macht kann leicht korrumpieren, und absolute Macht korrumpiert absolut.« Wir können nicht einmal Actons Aussage genau lesen, so verwirrt reagieren unsere Gedanken auf das Wort »Macht«.

Die Korruption der Macht liegt nicht an der Macht, sondern an uns selbst. Und außerdem, was ist diese Macht, von der und für die die Menschen in einem starken Maße leben? Macht ist das eigentlich Wesentliche, der Dynamo des Lebens. Durch die Macht des Herzens wird Blut durch den Körper gepumpt und erhält ihn am Leben. Es ist die Macht einer aktiven Beteiligung der Bürger, die eine vereinigte Stärke für ein gemeinsames Ziel schafft. Macht ist eine wesentliche Lebenskraft, die immer wirkt, entweder zur Veränderung der Welt oder zur Verhinderung von Veränderung. Macht oder organisierte Tatkraft kann ein tödlicher Explosionsstoff oder ein lebensrettendes Heilmittel sein. Mit der Macht eines

Gewehrs kann man die Sklaverei aufrechterhalten oder die Freiheit erlangen.

Die Macht des menschlichen Gehirns kann die ruhmreichsten Errungenschaften hervorbringen und Perspektiven und Einsichten über die Möglichkeiten des Lebens entwickeln, die über den Horizont dessen gehen, was man sich bisher vorstellen kann. Die Macht des menschlichen Gehirns kann ebenso Philosophien und Lebensmöglichkeiten ersinnen, die sich für die Zukunft der Menschheit verheerend auswirken. Wie auch immer, Macht ist der Dynamo des Lebens.

Alexander Hamilton drückte das in »The Federalist Papers« so aus: »Was ist Macht anderes als die Fähigkeit oder die Kraft, etwas zu tun? Was ist die Fähigkeit, etwas zu tun, anderes als die Macht, die zur Ausführung nötigen Mittel einzusetzen?« Pascal, der zweifellos kein bissiger Spötter war, stellte fest: »Gerechtigkeit ohne Macht ist impotent; Macht ohne Gerechtigkeit ist Tyrannei.« St. Ignatius, der Gründer des Jesuiten-Ordens, wich nicht vor der Anerkennung der Macht zurück, als er seinen Ausspruch kundtat: »Um eine Sache gut auszuführen, braucht der Mensch Macht und Kompetenz.« Alle, die in der Geschichte eine Rolle gespielt haben, verwenden das Wort Macht in ihren Reden und Schriften und kein Ersatzwort.

Eine Welt bar jeder Macht ist nicht vorstellbar; man kann sich nur organisierte und nicht organisierte Macht vorstellen. Die Menschheit hat sich nur dadurch weiterentwickelt, daß sie gelernt hat, die Instrumente der Macht zu erweitern und zu handhaben, um Ordnung, Sicherheit, Moral und ein zivilisiertes Leben zu erreichen, anstatt ums bloße physische Überleben zu kämpfen. Jede dem Menschen bekannte Organisation, von der Regierung abwärts, besteht nur aus einem einzigen Grund, nämlich der Organisation von Macht, um sie anzuwenden oder um gemeinsame Ziele zu fördern.

Wenn wir von einer Person sagen, daß sie die Hand am Drücker hat, sprechen wir über Macht. Man muß die Macht und ihre Wirkung in allen Lebensbereichen begreifen, will man das Wesentliche der Beziehungen und Funktionen zwischen Gruppen und Organisationen verstehen, gerade in einer pluralistischen Gesellschaft. Die Macht zu kennen und sie nicht zu fürchten, ist die Voraussetzung für ihre sinnvolle Anwendung und Kontrolle. Kurz: Leben ohne Macht ist Tod; eine Welt ohne Macht wäre eine Geisterlandschaft, ein toter Planet!

Eigeninteresse

Das Eigeninteresse ist wie Macht von einem schwarzen Schleier des Negativen und Verdächtigen umhüllt. Für viele ist »Eigeninteresse« gleichbedeutend mit »Selbstsucht«. Das Wort ist verknüpft mit einer widerlichen Ansammlung von Lastern wie Borniertheit, Egoismus und Ichbezogenheit, mit allem, was den Tugenden der Nächstenliebe und der Selbstlosigkeit entgegensteht. Diese allgemeine Definition deckt sich natürlich nicht mit unseren alltäglichen Erfahrungen und widerspricht den Beobachtungen aller Kenner der Politik und des Lebens. (...)

Von den großen Lehrern der jüdisch-christlichen Ethik und den Philosophen über die Ökonomen bis hin zu erfahrenen Beobachtern politischen Lebens sind sich alle darin einig, daß das Eigeninteresse eine äußerst wichtige Triebfeder menschlichen Verhaltens darstellt. Die Bedeutung des Eigeninteresses ist nie in Frage gestellt worden; sie ist als eine unumgängliche Tatsache des Lebens akzeptiert. Christus sagte, daß es keine größere Liebe gebe als die, sein Leben für seine Freunde zu opfern. Aristoteles schrieb: »Ein jeder denkt hauptsächlich an sein eigenes, kaum an das öffentliche Interesse.« In »The Wealth of Nations« von Adam Smith heißt es: »Unser Essen hängt nicht von der Güte des Metzgers, Brauers oder Bäckers ab, sondern von ihrem Eigeninteresse. Wir wenden uns nicht an ihre Menschlichkeit, sondern an ihre Eigenliebe, und sprechen mit ihnen nicht über unsere Bedürfnisse, sondern von ihrem Vorteil.« In allen Gedankengängen in »The Federalist Papers« ist kein Punkt so zentral und unumstritten wie: »Reiche und Arme neigen gleichermaßen dazu, eher impulsiv als vernünftig zu handeln und nach den enggefaßten Vorstellungen ihres Eigeninteresses ...« Das alle Bereiche des politischen Lebens durchdringende Eigeninteresse in Frage zu stellen heißt, sich zu weigern, den Menschen so zu sehen, wie er ist, und sich ein Bild von ihm zu machen, wie er in unseren Augen sein sollte. (...)

Durch einen Appell an ihr Eigeninteresse bringt man Menschen dazu, in den Krieg zu ziehen; aber sobald sie an der Front sind, ist es ihr wichtigstes Eigeninteresse, am Leben zu bleiben, und im Falle des Sieges wird sich ihr Eigeninteresse gewöhnlich auf völlig andere Ziele richten als die, welche sie vor dem Krieg hatten. Zum Beispiel waren die USA im Zweiten Weltkrieg leidenschaftliche Verbündete der Sowjetunion gegen Deutschland, Japan und Italien, und kurz nach ihrem Sieg verbündeten sie sich mit den ehemaligen Feinden – Deutschland, Japan und Italien – gegen ihren ehemaligen Alliierten, die UdSSR.

Diese drastischen Verschiebungen des Eigeninteresses können verstandesmäßig nur unter einen riesigen, grenzenlosen Hut allgemeiner »moralischer« Grundsätze gesteckt werden wie Unabhängigkeit, Gerechtigkeit, Freiheit, ein Recht, das höher ist als von Menschen gemachte Gesetze, und so weiter. Die sogenannte Moral ist das Beständige, während sich die Eigeninteressen verschieben.

Innerhalb dieser Moral scheint es eine zerreißende Auseinandersetzung zu geben, wohl aufgrund gewisser Hemmungen in unserer Art von moralistischer Zivilisation – das Eingeständnis, daß wir auf der Grundlage nackten Eigeninteresses handeln, erscheint uns schändlich, weshalb wir verzweifelt versuchen, jede Veränderung der Lebensumstände, die in unserem Eigeninteresse ist, mit einer großen moralischen Rechtfertigung oder Erklärung in Einklang zu bringen. Im gleichen Atemzug weisen wir darauf hin, daß wir entschiedene Gegner des Kommunismus sind, aber das russische Volk lieben (die Liebe zu den Menschen gehört zu den Grundsätzen unserer Zivilisation). Was wir hassen, ist der Atheismus und die Unterdrückung des Individuums, die wir als Wesensmerkmale sehen, die die »Unmoral« des Kommunismus beweisen. Darauf baut sich unsere mächtige Gegnerschaft auf. Die eigentliche Tatsache geben wir nicht zu: unser persönliches Eigeninteresse.

Unmittelbar vor der Invasion der Nazis in die Sowjetunion verkündeten wir all diese negativen, teuflischen russischen Charakterzüge. Damals waren die Sowjets zynische Despoten, die stillschweigend einen Nichtangriffspakt mit Hitler schlossen, die rücksichtslosen Invasoren, die den Polen und Finnen Unheil bescherten. Das Volk lag geknechtet in Ketten, in Sklaverei gehalten durch die Macht eines Diktators; sie waren ein Volk, deren Machthaber ihnen so mißtrauten, daß der Roten Armee keine scharfe Munition ausgehändigt wurde, weil sie ihre Gewehre gegen den Kreml hätten richten können. All das waren unsere Vorstellungen. Aber innerhalb von Minuten nach der Invasion Rußlands durch die Nazis, als unser Eigeninteresse uns diktierte, daß die Niederlage der UdSSR sich katastrophal für uns auswirken könnte, da – plötzlich – entdeckten wir das tapfere, große, herzliche, liebenswürdige russische Volk; der Diktator wurde zum guten und liebevollen Onkel Josef; die Rote Armee war auf einmal erfüllt von Vertrauen und Ergebenheit gegenüber ihrer Regierung, kämpfte mit nie dagewesenem Heldenmut und wandte gegen den Feind die Taktik der verbrannten Erde an. Die russischen Verbündeten hatten sicherlich Gott auf ihrer Seite – schließlich war er auf unserer Seite. Unsere Kehrtwendung im Juni 1941 war dramatischer und plötzlicher als die Kehrtwendung gegen die Russen kurz nach der Niederlage unseres gemeinsamen Feindes. In beiden Fällen verschleierten wir unser Eigeninteresse, während die Banner der Freiheit, der Unabhängigkeit und des Anstandes enthüllt wurden – zuerst gegen die Nazis und sechs Jahre später gegen die Russen. (...)

Immer wieder verstricken wir uns in diesen Konflikt zwischen unseren erklärten moralischen Prinzipien und den wahren Gründen für unser Handeln, nämlich unserem Eigeninteresse. Wir schaffen es, diese wahren Gründe mit der Maske der wohlwollenden Güte zu versehen, mit Wörtern wie »Freiheit«, »Gerechtigkeit« und so weiter. Solche Risse im Stoff dieser moralischen Verkleidung bringen uns manchmal in Verlegenheit.

Es ist interessant, daß sich die Kommunisten anscheinend nicht mit diesen moralischen Rechtfertigungen für ihre unverhüllten Akte des Eigeninteresses beschäftigen. In gewisser Hinsicht ist dies ebenfalls peinlich; es gibt uns das Gefühl, daß sie über uns lachen könnten, wohl wissend, daß wir auch vom Eigeninteresse geleitet sind, dies aber verbergen wollen. Wir glauben, daß sie uns auslachen könnten, da sie sich durchs Meer der Weltpolitik kämpfen, bekleidet mit einer Badehose, während wir fast absaufen, völlig angezogen mit Schlips und Kragen. (...)

Kompromiß

»Kompromiß« ist ein anderes dieser Wörter, das überschattet ist von Schwäche, Schwanken, Verrat von Idealen, Aufgabe von moralischen Prinzipien. In jener Kulturepoche, in der Jungfernschaft als Tugend galt, sprach man von einer »kompromittierten« Frau. Das Wort wird allgemein als moralisch widerwärtig und übel verstanden.

Für den Organisator ist jedoch »Kompromiß« ein Schlüssel und ein schönes Wort. Es ist ständig im praktischen Denken und Handeln präsent. Es heißt, ein Abkommen treffen, die lebensnotwendige Verschnaufpause bekommen, gewöhnlich den Sieg. Wenn man mit nichts anfängt und 100 Prozent fordert, dann einen Kompromiß bei 30 Prozent schließt, ist man um 30 Prozent vorangegangen.

Eine freie und offene Gesellschaft ist ein fortwährender Konflikt, der in regelmäßigen Abständen durch Kompromisse unterbrochen wird – die dann zum Ausgangspunkt für die Fortsetzung der Konflikte werden, zu neuen Kompromissen führen, und so geht es endlos weiter. (...) Sollte ich eine freie und offene Gesellschaft mit einem Wort definieren, wäre dieses Wort »Kompromiß«. (...)

Konflikt

Die öffentliche Meinung hält »Konflikt« für ein weiteres schlechtes Wort. Dies ist die Folge zweier Einflüsse in unserer Gesellschaft: Zum einen wird sie beeinflußt durch die Kirchen, die schöne Reden halten vom »Hinhalten der anderen Wange« und die Bibel in einer Weise zitieren, wie es nicht einmal der Teufel wagen würde, weil es bisher ihre Hauptfunktion gewesen ist, das Establishment zu unterstützen. Der zweite Einfluß ist wahrscheinlich der subversivste und heimtückischste und hat die amerikanische Szene in der letzten Generation durchdrungen: die Werbebranche der Madison Avenue, die moralische Hygiene der Mittelklasse, die aus Konflikt oder Auseinandersetzung etwas Negatives und Unerwünschtes gemacht hat. Dies alles ist Teil einer Reklame-Kultur, die das gute Auskommen mit Leuten und die Vermeidung von Spannungen betont. Schaut man sich die Werbespots im Fernsehen an, gewinnt man den Eindruck, daß die US-Gesellschaft vornehmlich darauf bedacht ist, Mund- und Körpergeruch zu bekämpfen. Übereinstimmung ist ein Schlüsselwort, nur keinen Anstoß erregen; und so werden heutzutage Leute aus den Massenmedien gefeuert, weil sie »kontroverse« Meinungen zum Ausdruck gebracht haben; aus den Kirchen werden sie aus dem gleichen Grund geschmissen, aber man nennt das dort »mangelnde Umsicht«; und aus den Universitäten werden Dozenten aus dem gleichen Grund auf die Straße gesetzt, aber hier spricht man von »persönlichen Schwierigkeiten«.

Der Konflikt ist der wesentliche Kern einer freien und offenen Gesellschaft. Wenn man das demokratische Leben als musikalische Partitur abbildete, wäre ihr Hauptthema die Harmonie der Dissonanz.

Über Mittel und Zweck

> Wir können nicht zuerst denken und danach handeln. Vom Augenblick der Geburt sind wir in Handlungen verwickelt und können sie nur durch Gedanken angemessen steuern.
>
> Alfred North Whitehead

Die immer wieder gestellte Frage »Heiligt der Zweck die Mittel?« ist in dieser Form bedeutungslos; die eigentliche und einzige Frage bezüglich der Ethik von Mittel und Zweck ist immer gewesen: »Heiligt dieser besondere Zweck jenes besondere Mittel?«

Das Leben, und wie jeder einzelne lebt, ist die Geschichte von Mittel und Zweck. Der Zweck ist das, was man will, und die Mittel der Weg, wie man ihn erreicht. Immer, wenn es um gesellschaftliche Veränderungen geht, stellt sich die Frage nach Mittel und Zweck. Der Mensch der Tat betrachtet die Frage von Mittel und Zweck aus der Sicht des Pragmatikers und Strategen. Für ihn gibt es kein anderes Problem; er denkt nur an seine ihm zur Verfügung stehenden Mittel und an seine unterschiedlichen Handlungsmöglichkeiten. Hinsichtlich der Ziele fragt er sich nur, ob sie erreichbar sind und die Anstrengungen sich lohnen, hinsichtlich der Mittel, ob sie wirksam sind. Wer sagt, daß schlechte Mittel die Ziele verderben, der glaubt an die unbefleckte Empfängnis von Mittel und Zweck. Die Wirklichkeit ist schlecht und brutal. Leben wird zu einer verdorbenen Angelegenheit in dem Augenblick, wo ein Kind lernt, seine Mutter gegen seinen Vater auszuspielen, wenn es darum geht, wann es ins Bett muß. Wer die Verdorbenheit fürchtet, fürchtet das Leben.

Der praktische Revolutionär wird mit Goethe erkennen, daß das Gewissen eine Tugend des Beobachters, nicht des Handelnden ist. Ein Handelnder genießt nicht immer den Luxus einer Entscheidung, die im Einklang sowohl mit seinem persönlichen Gewissen als auch dem Wohlergehen der Menschheit steht. Die Wahl muß immer auf das letztere fallen. Handlungen sollten dem Heil der Massen und nicht dem des einzelnen dienen. Wer das Wohlergehen der Massen seinem persönlichen Gewissen opfert, hat eine sonderbare Vorstellung vom »persönlichen Heil«; er kümmert sich zu wenig um Menschen, um sich für sie »verderben« zu lassen.

Diejenigen, die mit ihren Diskussionsbeiträgen und ihrer Literatur über die Ethik von Mittel und Zweck einen Haufen auftürmen – deren Sterilität, von wenigen Ausnahmen abgesehen, augenfällig ist –, schreiben selten über ihre eigenen Erfahrungen im ständigen Kampf des Lebens und der Veränderung. Mehr noch, ihnen sind die Belastungen und Probleme der Handlungsverantwortung und des unaufhörlichen Drucks, sofortige Entscheidungen zu treffen, fremd. Leidenschaftlich frönen sie einer mystischen Objektivität, in der Leidenschaften suspekt sind. Sie gehen von einer nicht vorhandenen Situation aus, in der Menschen leidenschaftslos und von der Vernunft geleitet Mittel und Zweck ersinnen, als ob sie eine Seekarte an Land studierten. Man erkennt diese Leute an einem ihrer beiden sprichwörtlichen Markenzeichen: »Wir stimmen mit den Zielen überein, aber nicht mit den Mitteln«, oder: »Dies ist nicht der richtige Zeitpunkt«. Die Mittel-und-Zweck-Moralisten oder Nichtstuer verstricken sich andauernd in ihre Ziele ohne jegliche Mittel.

Die Mittel-und-Zweck-Moralisten, ständig gequält durch die Ethik der Mittel, die die Habenichtse gegen die Besitzenden anwenden, sollten sich erst einmal fragen, wo sie selbst politisch stehen. Tatsächlich sind sie doch passiv und damit Verbündete der Besitzenden. Jacques Maritain meinte genau sie, als er sagte: »Die Angst, sich bei der Auseinandersetzung mit der Wirklichkeit die Finger schmutzig zu machen, ist keine Tugend, sondern die Flucht vor ihr.« Diese Nichtstuer waren es, die sich entschieden, die Nazis nicht so zu bekämpfen, wie man sie hätte bekämpfen können; sie waren es, die ihre Fensterläden verschlossen, um nicht mit ansehen zu müssen, wie Juden und politische Gefangene auf schändliche Weise durch die Straßen geschleift wurden; sie waren es, die im stillen Kämmerlein die ganzen Greueltaten beklagten – und nichts taten. Dieses unmoralische Verhalten ist wohl nicht mehr zu überbieten. Das unsittlichste aller Mittel ist, keine anzuwenden. Zu dieser Sorte von Menschen gehören auch jene, die sich so vehement und kämpferisch an dieser klassisch idealistischen Debatte über die ethischen Unterschiede zwischen defensiven und offensiven Waffen im alten Völkerbund beteiligten. Ihre Furcht vor Handlungen läßt sie bei einer Ethik Zuflucht nehmen, die mit dem politischen Leben nichts mehr gemein hat und nur noch für Engel gilt, nicht für Menschen. Die Maßstäbe des Urteilens müssen in dem Warum und dem Wozu des Lebens, wie es gelebt wird, der Welt, wie sie ist, verwurzelt sein, nicht in der Phantasiewelt unserer Wunschvorstellungen.

Ich möchte an dieser Stelle eine Reihe von Richtlinien bezüglich der Ethik von Mittel und Zweck aufführen:

● Erstens, das Interesse an der Ethik von Mittel und Zweck steht im umgekehrten Verhältnis zum persönlichen Interesse an einem Problem. Wenn wir nicht unmittelbar betroffen sind, fällt uns das Moralisieren leicht. La Rochefoucauld formulierte das so: »Wir alle haben Kraft genug, das Unglück der anderen zu ertragen.« Entsprechend dieser Richtlinie läßt sich sagen, daß das eigene Interesse an der Ethik von Mittel und Zweck im umgekehrten Verhältnis zum eigenen Abstand zum Konflikt steht.

● Die zweite Richtlinie der Ethik von Mittel und Zweck besagt, daß die Beurteilung der Ethik der Mittel vom politischen Standpunkt der Beurteilenden abhängig ist. Sich aktiv der Nazi-Besatzung zu widersetzen und sich dem im Untergrund operierenden Widerstand anzuschließen hieß, zu den Mitteln des Mordes, des Terrors, der Zerstörung von Eigentum, der Sprengung von Tunneln und Zügen, der Entführung und der Opferung unschuldiger Geiseln zu greifen, um die Nazis zu besiegen. Diejenigen, die gegen die Nazi-Eroberer kämpften, sahen im Widerstand eine geheime Armee selbstloser, patriotischer Idealisten, erfüllt vom unbezähmbaren Mut und bereit, ihr Leben für ihre moralischen

Überzeugungen zu opfern. Für die Besatzungsmacht waren diese Leute hingegen gesetzlose Terroristen, Mörder, Saboteure, Meuchler, die glaubten, daß der Zweck die Mittel heilige, und die völlig ohne jede Moral die Regeln des Krieges verletzten. Jede fremde Besatzungsmacht würde ihren Gegner so moralisch beurteilen. In einem solchen Konflikt interessiert sich jedoch keine Partei für irgendwelche Werte außer dem Sieg. Es geht um Leben und Tod. (...)

● Die dritte Richtlinie der Ethik von Mittel und Zweck ist: Im Krieg heiligt der Zweck nahezu jedes Mittel. Die Genfer Konvention über die Behandlung von Gefangenen oder die Nichtanwendung von Atomwaffen wird nur eingehalten, weil der Gegner oder seine potentiellen Verbündeten Vergeltungsmaßnahmen einleiten könnten.

Winston Churchills Bemerkungen gegenüber seinem Privatsekretär wenige Stunden vor dem Einmarsch der Nazis in die Sowjetunion veranschaulichen plastisch die Politik von Mittel und Zweck im Krieg. Informiert über die bevorstehenden Ereignisse wollte der Sekretär von Churchill, dem führenden britischen Antikommunisten, wissen, wie er es mit sich selbst vereinbaren könnte, auf der Seite der Sowjets zu stehen. Wäre es nicht für Churchill peinlich und schwierig, das Parlament zur Unterstützung der Kommunisten aufzufordern? Churchills Erwiderung war klar und unmißverständlich: »Überhaupt nicht. Ich habe nur eine Absicht, die Vernichtung Hitlers, und dadurch ist mein Leben stark vereinfacht worden. Wenn Hitler in die Hölle einmarschierte, könnte ich im Unterhaus selbst den Teufel in einem günstigen Licht darstellen.« (...)

● Die vierte Richtlinie der Ethik von Mittel und Zweck besagt, daß ein Urteil über Handlungen nur im Zusammenhang mit dem Zeitpunkt ihres Geschehens gefällt werden darf und nicht von der überlegenen Warte irgendeines anderen Zeitpunktes aus. (...)

● Die fünfte Richtlinie der Ethik von Mittel und Zweck ist, daß das moralische Interesse mit der Anzahl der zur Verfügung stehenden Mittel steigt und umgekehrt. Für den Menschen der Tat ist das erste Kriterium bei der Wahl der Mittel die Feststellung, welche ihm zur Verfügung stehen. Die Einschätzung und die Wahl zur Verfügung stehender Mittel geschehen auf der Grundlage eines strengen Nützlichkeitsprinzips – werden sie wirksam sein? Moralische Fragen stellen sich dann, wenn man zwischen zwei gleich wirksamen alternativen Mitteln wählt. Falls man den Luxus der Auswahl nicht besitzt und nur über ein Mittel verfügt, wird sich die moralische Frage nie stellen; das einzige Mittel wird automatisch moralisch gerechtfertigt. Es wird verteidigt mit dem Schrei: »Was hätten wir sonst tun können?« Andererseits ist die sichere Position, in der man die Wahl zwischen einer Reihe von wirkungsvollen Mitteln besitzt, immer begleitet von der moralischen Sorge und der Ruhe des Gewissens, die Mark Twain in bewundernswerter Weise beschrieben hat als »das ruhige Gewissen eines Christen, der vier Asse auf der Hand hat«.

Moralisch ist für mich, was für die meisten das beste ist. Während eines Konflikts mit einem größeren Konzern wurde ich mit der Drohung konfrontiert, man werde das Anmeldeformular eines Hotels, auf dem ich mich mit meiner Freundin als »Herr und Frau« eingetragen hatte, und Fotos von uns beiden veröffentlichen. Ich sagte: »Geben Sie es ruhig an die Presse weiter! Ich halte sie für eine schöne Frau, und ich habe nie behauptet, sexuell enthaltsam zu leben. Tun Sie's nur!« Damit war die Drohung aus der Welt geschafft.

Unmittelbar danach besuchte mich ein Angestellter des Konzerns. Es stellte sich heraus, daß er einer unserer heimlichen Sympathisanten war. Er zeigte auf seine Brieftasche und sagte: »Ich habe hier Beweise dafür, daß der und der (einer unserer Hauptgegner) Jungen den Mädchen vorzieht.« Ich antwortete: »Danke, aber vergessen Sie's! Ich will mich nicht auf diese Art von Kampf einlassen. Ich will Ihr Zeug nicht sehen. Auf Wiedersehen.« Er protestierte: »Aber die wollten Sie doch gerade mit diesem Mädchen reinlegen.« Ich erwiderte: »Die Tatsache, daß die anderen auf diese Weise kämpfen, bedeutet nicht, daß ich es auch muß. Das Privatleben eines Menschen dermaßen in den Schmutz zu ziehen, ist abscheulich und ekelerregend.« Darauf ging er.

So weit, so gut; aber falls ich überzeugt gewesen wäre, daß wir nur hätten siegen können, wenn wir von diesem Mittel Gebrauch machen, dann hätte ich es ohne Zögern angewendet. Was wäre meine Alternative gewesen? Hätte ich mich mit gerechter »moralischer« Entrüstung hochziehen sollen und sagen: »Ich werde lieber verlieren, als meinen Prinzipien untreu werden?« Und anschließend wäre ich mit meinem unberührten moralischen Jungfernhäutchen nach Hause gegangen? Die Tatsache, daß 40 000 Arme dadurch ihren Krieg gegen Hoffnungslosigkeit und Verzweiflung verloren hätten, wäre zu tragisch gewesen. Daß sich ihre Lage noch durch die Rachsucht des Konzerns verschlechtert hätte, war ebenfalls schrecklich und verhängnisvoll, aber das ist Leben. Schließlich muß man sich an Mittel und Zweck erinnern. Es ist wahr, daß ich vielleicht Schwierigkeiten gehabt hätte einzuschlafen, weil sich diese großen moralischen Engelsflügel nur schwer unter die Bettdecke stecken lassen. Für mich wäre das schlicht unmoralisch gewesen.

● Die sechste Richtlinie der Ethik von Mittel und Zweck besagt: Je weniger wichtig das angestrebte Ziel ist, desto mehr kann man es sich leisten, sich mit der moralischen Würdigung der Mittel zu beschäftigen.

● Die siebte Richtlinie der Ethik von Mittel und Zweck ist: Bei der Moral spielt im allgemeinen Erfolg oder Mißerfolg eine äußerst wichtige Rolle. Die Beurteilung der Geschichte ist in hohem Maße abhängig von Erfolg oder Mißerfolg; dies macht den Unterschied zwischen einem Verräter und einem Volkshelden aus. Es wird nie so etwas wie einen erfolgreichen Verräter geben, denn wenn er Erfolg hat, wird er Gründer einer neuen Sache.

● Die achte Richtlinie der Ethik von Mittel und Zweck ist, daß die Sittlichkeit eines Mittels davon abhängt, ob es in Zeiten einer drohenden Niederlage oder eines bevorstehenden Sieges angewandt wird. Das gleiche Mittel kann bei einem offensichtlich sicheren Sieg als unmoralisch angesehen werden, während die Frage der Sittlichkeit sich überhaupt nicht stellt, falls es in einer verzweifelten Lage angewandt wird, um die Niederlage zu verhindern. Kurz, moralische Grundsätze werden dadurch bestimmt, ob man verliert oder gewinnt. Seit Urzeiten gilt der Totschlag in Notwehr als gerechtfertigt.

Wir wollen einmal dieses Prinzip auf die schrecklichste ethische Frage des modernen Zeitalters anwenden: Hatten die Vereinigten Staaten das Recht, die Atombombe auf Hiroshima zu werfen?

Als die Atombombe abgeworfen wurde, war den Vereinigten Staaten der Sieg sicher. Im Pazifik hatte Japan eine ununterbrochene Reihe von Niederlagen erlitten. Vom Luftwaffenstützpunkt Okinawa aus konnten wir den Gegner rund um die Uhr mit Bomben eindecken. Die japanische Luftwaffe war dezimiert, ebenso ihre Marine. In Europa war der Sieg errungen worden, und die gesamte dort stationierte Luftwaffe, die Marine und das Heer konnten im Pazifik eingesetzt werden. Rußland rückte an, um seinen Teil der Siegesbeute zu bekommen. Die japanische Niederlage war absolut sicher, und die einzige Frage blieb, wie und wann der Gnadenstoß erfolgen sollte. Aus den bekannten Gründen warfen wir die Bombe ab und entfesselten damit eine weltweite Debatte über die moralische Berechtigung solcher Mittel, einen Krieg zu beenden.

Ich behaupte, daß die Entwicklung und Anwendung der Atombombe gegen Japan zu einem Zeitpunkt, als wir unmittelbar nach Pearl Harbor nahezu ohne Verteidigung dastanden, als ein Großteil unserer Pazifik-Flotte auf dem Meeresgrund lag, als die Nation eine Invasion an der pazifischen Küste befürchtete, als wir uns in Europa im Kriegszustand befanden, in der ganzen Welt als gerechte Vergeltung für Hagel, Feuer und Schwefel verkündet worden wäre. Dann wäre der Einsatz der Bombe als Beweis dafür gepriesen worden, daß das Gute zwangsläufig über das Böse triumphiert. Zu einem solchen Zeitpunkt hätte sich die Frage der Moral beim Einsatz der Bombe nicht gestellt, und die augenblickliche Debatte verliefe ganz anders. Wer dieser Behauptung nicht zustimmt, kann sich an den damaligen Zustand der Welt nicht erinnern. Er ist entweder ein Narr oder ein Lügner oder beides.

● Die neunte Richtlinie der Ethik von Mittel und Zweck besagt, daß jedes wirksame Mittel automatisch vom Gegner als unmoralisch verurteilt wird. (...)

● Die zehnte Richtlinie der Ethik von Mittel und Zweck ist: Man tut, was man kann, mit dem, was man hat, und verpackt das ganze moralisch. Die erste Frage, die sich dem Handelnden stellt, ist, welche Mittel ihm zur Verfügung stehen, um ein besonderes Ziel zu erreichen. Dies erfordert eine Einschätzung der Kräfte und Möglichkeiten, die vorhanden sind und eingesetzt werden können. Dazu gehört eine sorgfältige Sichtung der vielfältigen Faktoren, die zusammen die Ausgangssituation zu jeder beliebigen Zeit darstellen, und eine Berücksichtigung der allgemeinen Ansichten und des herrschenden Klimas. Fragen müssen in Betracht gezogen werden wie: Wieviel Zeit ist notwendig oder steht zur Verfügung? Wer und wie viele werden die Aktion unterstützen? Besitzt der Gegner derart viel Macht, daß er Gesetze außer Kraft setzen oder ändern kann? Hat er die Polizei so stark unter Kontrolle, daß eine Veränderung auf legale, rechtmäßige Weise unmöglich ist? Wenn Waffen gebraucht werden, sind die erforderlichen Waffen vorhanden? Die Verfügbarkeit der Mittel entscheidet darüber, ob man im Untergrund oder öffentlich arbeitet, ob man schnell oder langsam vorankommt, ob man umfassende Veränderungen oder begrenzte Anpassungen erreicht, ob man mit passivem oder aktivem Widerstand zum Ziel kommt oder ob man überhaupt etwas bewegt. Das Fehlen jeglicher Mittel mag jemanden zum Märtyrertum treiben in der Hoffnung, wie ein Katalysator wirken zu können, der eine Kettenreaktion in Gang setzt, die in einer Massenaktion gipfelt. Ein einfacher moralischer Standpunkt wird zum Machtmittel.

Eine unverhüllte Illustration dieses Punktes findet sich in Trotzkis Zusammenfassung der berühmten April-Thesen Lenins, die kurz nach Lenins Rückkehr aus dem Exil erschienen sind. Lenin betonte: »Die Aufgabe der Bolschewiken ist der Sturz der imperialistischen Regierung. Aber diese Regierung stützt sich auf die Hilfe der Sozialrevolutionäre und Menschewiken, die ihrerseits durch das Vertrauen der Massen unterstützt werden. Wir sind in der Minderheit. Unter diesen Umständen kann von Gewaltanwendung auf unserer Seite keine Rede sein.« Das Wesentliche in Lenins Reden während dieser Zeit war: »Sie besitzen die Gewehre, und deshalb sind wir für Frieden und Reformen durch Wahlen. Wenn wir die Gewehre besitzen, wird alles durch die Kugel entschieden.« Und so geschah es dann auch.

Mahatma Gandhi und sein Konzept des passiven Widerstandes in Indien bieten ein hervorragendes Beispiel für die Wahl der Mittel. Hier zeigt sich ebenfalls, wie sich zwangsläufig im Laufe der Zeit moralische Werte verändern als Folge veränderter Verhältnisse und Stellungen der Habenichtse und Besitzenden, mit der naturgemäßen Verschiebung der Ziele vom Erlangen zum Bewahren. (...)

Gandhi war der Gewaltfreiheit verpflichtet und scheinbar der Liebe der Menschheit, einschließlich seiner Feinde. Sein Ziel war die Unabhängigkeit Indiens von der Fremdherrschaft und seine Mittel waren die des passiven Widerstandes. Vom historischen, religiösen und moralischen Standpunkt aus wird Gandhi so in einen heiligen Mutterboden eingebettet, daß es vielerorts als Lästerung angesehen wird, die Frage zu stellen, ob nicht das ganze Konzept des passiven Widerstandes einfach das einzig vernünftige, realistische, angemessene Programm war, das Gandhi zur Verfügung stand, ob die »Sittlichkeit«, die diese Politik des passiven Widerstandes umgab, nicht weitgehend ein Grundprinzip war, um ein praktisches Programm mit dem gewünschten und erforderlichen moralischen Deckmantel zu umhüllen.

Wir wollen diesen Fall näher betrachten. Zunächst mußte Gandhi wie jeder andere Führer, der in den gesellschaftlichen Prozeß eingreift, die Mittel sichten, die ihm zur Verfügung standen. Hätte er über Waffen verfügt, hätte er sie durchaus in einer bewaffneten Revolution gegen die Briten einsetzen können und sich damit in der Tradition der Revolution für die Freiheit durch Gewaltanwendung befunden. Gandhi besaß keine Gewehre, und falls er die Gewehre gehabt hätte, hätte er keine Leute gehabt, sie zu benutzen. Gandhi äußert in seiner Autobiographie sein Erstaunen über die Passivität und Unterwürfigkeit seines Volkes, das gegen die Briten keine Vergeltungsmaßnahmen ergriff oder nicht einmal Rache an ihnen üben wollte: »Als ich immer weiter und weiter vordrang bei meinen Nachforschungen über Abscheulichkeiten, die dem Volk angetan worden waren, stieß ich auf Berichte über tyrannische Aktionen der Regierung und despotische Willkürakte ihrer Beamten, auf die ich in dieser Form kaum vorbereitet war und die mich mit tiefem Schmerz erfüllten. Was mich damals überraschte und mich heute noch in Staunen versetzt, war die Tatsache, daß eine Kolonie, die während des Krieges der britischen Regierung das größte Kontingent an Soldaten gestellt hatte, diese brutalen Ausschreitungen widerspruchslos hinnehmen sollte.«

Gandhi und seine Gefährten beklagten wiederholt die Unfähigkeit ihres Volkes zu organisiertem, wirkungsvollem, gewaltsamem Widerstand gegen Ungerechtigkeit und Tyrannei. Gandhis eigene Erfahrungen wurden durch zahllose Beteuerungen aller Führer Indiens bestätigt, daß Indien zu einer kriegerischen Auseinandersetzung mit seinen Feinden nicht in der Lage war. Viele Gründe wurden aufgeführt, einschließlich Schwächlichkeit, Mangel an Waffen, erzwungene Akzeptierung der Unterdrückung und ähnliche Argumente mehr. In einem Interview mit Norman Cousins beschrieb 1961 Pandit Jawaharlal Nehru die Hindus jener Tage als »eine demoralisierte, eingeschüchterte und hoffnungslose Masse, tyrannisiert und unterdrückt durch die herrschenden Interessen und zu keinem Widerstand fähig«.

Angesichts dieser Lage kehren wir für einen Augenblick zu Gandhis Einschätzung und Prüfung der ihm zur Verfügung stehenden Mittel zurück. Ich habe bereits gesagt, daß er, hätte er Gewehre besessen, sie hätte benutzen können; diese Feststellung basiert auf der Unabhängigkeitserklärung Mahatma Gandhis vom 26. Januar 1930, in der er vom »vierfachen Elend unseres Landes« spricht. Sein vierter Anklagepunkt gegen die Briten lautet: »Die zwangsweise Entwaffnung hat uns geistig den Mannesmut genommen, und die Anwesenheit einer fremden Besatzungsarmee zerstört in uns mit tödlicher Wirkung den Widerstandsgeist und läßt uns denken, wir könnten nicht mehr mit unseren eigenen Angelegenheiten fertig werden oder uns gegen feindliche Angriffe wehren oder nicht einmal unser Haus und unsere Familie verteidigen...« Diese Worte machen wohl deutlich, daß Gandhi, hätte er Waffen und Leute zum gewaltsamen Widerstand gehabt, dieses Mittel nicht so vorbehaltlos zurückgewiesen hätte, wie es die Welt gerne glaubt.

In diesem Zusammenhang können wir anmerken, daß Nehru nach der Sicherung der indischen Unabhängigkeit im Kaschmir-Konflikt mit Pakistan nicht zögerte, mit Waffengewalt vorzugehen. Nun hatten sich die Machtverhältnisse verändert. Indien verfügte über Gewehre und eine ausgebildete Armee, um diese Waffen einzusetzen. Jede Vermutung, Gandhi hätte einer Gewaltanwendung niemals zugestimmt, wird von Nehru in dem erwähnten

Interview von 1961 widerlegt: »Es war eine schreckliche Zeit. Als mich die Nachricht über Kaschmir erreichte, wußte ich, daß ich sofort handeln mußte, und zwar mit Waffengewalt. Trotzdem war ich äußerst besorgt, weil mir klar war, daß uns möglicherweise ein Krieg bevorstand – so kurz, nachdem wir unsere Unabhängigkeit durch eine Philosophie der Gewaltfreiheit erlangt hatten. Es war entsetzlich, daran zu denken. Dennoch handelte ich. Gandhi sagte nichts, was auf Mißbilligung gedeutet hätte. Das war eine große Erleichterung, muß ich sagen. Wenn Gandhi, der entschieden Gewaltfreie, keine Bedenken äußerte, erleichterte es meine Aufgabe sehr. Das bestärkte meine Auffassung, daß Gandhi anpassungsfähig sein konnte.«

Konfrontiert mit dem Problem, welche Mittel Gandhi gegen die Briten anwenden konnte, kommen wir zu einem anderen zuvor erwähnten Kriterium, daß nämlich die Auswahl und die Anwendung der Mittel entscheidend vom Gesicht des Gegners oder der Art der Opposition abhängig ist. Gandhis Gegner ermöglichten nicht nur den wirkungsvollen Gebrauch des passiven Widerstandes, sondern sie forderten ihn geradezu heraus. Sein Feind war eine britische Verwaltung, die sich durch eine alte, aristokratische, liberale Tradition auszeichnete, die ihren Kolonien ziemlich viel Freiheit zugestand und nach dem Muster funktionierte, die revolutionären Führer, die sich aus den Kolonialvölkern erhoben, zu gebrauchen, aufzuzehren, abzulenken oder auszuschalten, und zwar durch Schmeicheleien oder Korruption. Dies war die Art von Opposition, die die Taktik des passiven Widerstandes tolerierte und schließlich vor ihr kapitulierte.

Gandhis passiver Widerstand hätte nie eine Chance gegen einen totalitären Staat wie das NS-Regime gehabt. Es ist zweifelhaft, ob Gandhi unter solchen Umständen die Idee des passiven Widerstandes überhaupt gekommen wäre. (...) In seinem Essay »Betrachtungen über Gandhi« machte George Orwell einige passende Bemerkungen zu diesem Punkt: »Er glaubte daran, 'die Welt wachzurütteln', was nur möglich ist, wenn die Welt die Chance hat, zu hören, was man will. Es ist schwer einzusehen, daß Gandhis Methoden in einem Land angewendet werden könnten, in dem Regime-Gegner mitten in der Nacht verschwinden und man nie wieder etwas von ihnen hört. Ohne Presse- und Versammlungsfreiheit ist es unmöglich, nicht nur an die Öffentlichkeit zu appellieren, sondern eine Massenbewegung zustande zu bringen oder bloß dem Gegner eine entsprechende Absicht bekannt zu machen.«

Vom praktischen Standpunkt her war passiver Widerstand nicht nur möglich, sondern das wirkungsvollste Mittel, um Indien von der britischen Herrschaft zu befreien. Durch Organisation wurde das größte Negativ der Situation zum bestimmenden Positiv umgewandelt. Kurz, in dem Bewußtsein, daß man von der großen und trägen Masse keine gewaltsamen Aktionen erwarten konnte, organisierte Gandhi die Untätigkeit: er gab ihr ein Ziel, so daß sie zweckmäßig wurde. Durch die Vertrautheit mit dem Dharma war den Hindus der passive Widerstand nichts Fremdes. Sehr vereinfacht war das, was Gandhi tat, zu sagen: »Schaut, ihr sitzt sowieso alle herum – warum sitzt ihr nicht hier statt dort und ruft: 'Unabhängigkeit jetzt!'«

Dies führt zu einer weiteren Frage nach der Moral von Mittel und Zweck. (...) Die Menschheit ist in drei Gruppen geteilt: die Habenichtse, die, die ein bißchen besitzen, und die Besitzenden. Das Ziel der Besitzenden ist, das zu behalten, was sie haben. Deshalb wollen die Besitzenden den Status quo erhalten und die Habenichtse ihn ändern. Die Besitzenden entwickeln ihre eigene Moral, um die Unterdrückung und andere Mittel zur Aufrechterhaltung des Status quo zu rechtfertigen. Gewöhnlich sorgen die Besitzenden für Gesetze und Richter, die den Status quo erhalten; da jedes wirksame Mittel zur Veränderung des Status quo gewöhnlich illegal und/oder unmoralisch in den Augen des Establishments ist, sind die Habenichtse seit ewigen Zeiten gezwungen, sich auf ein Recht zu berufen, das »höher als das von Menschen gemachte ist«. Wenn die Habenichtse erfolgreich sind und zu Besitzenden werden, kommen sie in die Position, das Erreichte zu bewahren, und ihre Moral verschiebt sich mit der Veränderung ihres Standortes im Machtgefüge.

Acht Monate nach der Sicherung der Unabhängigkeit erklärte der indische Kongreß den passiven Widerstand für ungesetzlich und machte ihn zu einem Verbrechen. Man wandte das Mittel des passiven Widerstandes gegen die vorherigen Besitzenden an, aber als man selber an der Macht war, wollte man sicherstellen, daß dieses Mittel gegen einen selbst nicht angewendet würde! Nur als Habenichtse haben sie sich auf die höheren, nicht vom Menschen gemachten Gesetze berufen. Jetzt schufen sie die Gesetze, sie waren auf der Seite der vom Menschen gemachten Gesetze! Auch die Ansicht über Hungerstreiks, die während der Revolution so wirkungsvoll angewandt worden waren, hatte sich nun völlig geändert. In dem oben erwähnten Interview sagte Nehru:»Die Regierung wird sich nicht durch Hungerstreiks beeinflussen lassen ... Um die Wahrheit zu sagen, ich habe dem Fasten als politische Waffe nicht zugestimmt, auch nicht, als Gandhi es anwandte.« (...)

Alle großen Führer, einschließlich Churchill, Gandhi, Lincoln und Jefferson, beriefen sich immer auf »moralische Grundsätze«, um ihr nacktes Selbstinteresse mit dem Deckmantel der »Freiheit«, »Gleichheit«, »Gerechtigkeit« und so weiter zu versehen. Das machte sich selbst in nationalen Krisen bezahlt, in denen man ohnehin annahm, daß der Zweck jedes Mittel heiligt. Alle wirkungsvollen Handlungen brauchen den Passierschein der Moral.

Beispiele dafür lassen sich überall finden. In den Vereinigten Staaten bediente sich die Bürgerrechtsbewegung in den späten fünfziger Jahren des passiven Widerstandes gegen die Rassentrennung. Gewaltanwendung im Süden wäre selbstmörderisch gewesen; politischer Druck war damals unmöglich; es blieb nur der wirtschaftliche Druck mit einigen Aktivitäten am Rande. Im legalen Bereich blockiert durch Gesetze des Bundesstaates sowie durch eine feindlich gesinnte Polizei und Gerichte, waren sie wie alle Habenichtse seit unvordenklichen Zeiten darauf angewiesen, sich auf ein Recht zu berufen, das »höher als vom Menschen gemachte Gesetze ist«. Im »Contrat Social« heißt es bei Rousseau, daß »Gesetze eine sehr gute Sache für Menschen mit Besitz sind und eine sehr schlechte Sache für Menschen ohne Besitz«. (...)

● Die elfte Richtlinie der Ethik von Mittel und Zweck besagt, daß die Ziele allgemeinverständlich formuliert werden müssen, wie zum Beispiel »Freiheit, Gleichheit, Brüderlichkeit«, »Zum Wohle der Allgemeinheit«, »Das Streben nach Glück« oder »Brot und Frieden«. Whitman formuliert es so: »Ist das Ziel einmal benannt, kann es nicht widerrufen werden.« (...)

Das geistige Schattenboxen um Mittel und Zweck ist typisch für die Beobachter und nicht für die Akteure auf dem Schlachtfeld des Lebens. (...) Die von den Anwälten der Heiligkeit von Mittel und Zweck gesuchte persönliche Sicherheit findet sich nur im Schoß der Yoga-Lehre oder des Klosters, und selbst dort wird sie durch die Ablehnung des moralischen Prinzips getrübt, daß sie ihres Bruders Hüter sind.

Bertrand Russell hat in seiner Schrift »Moral und Politik« angemerkt: »Die Moral hat es so sehr mit den Mitteln zu tun, daß es fast unmoralisch erscheint, etwas auf seinen inneren Wert hin zu betrachten. Aber es leuchtet ein, daß als Mittel nichts einen Wert hat, wenn nicht das, dem es als Mittel dient, selbst Wert hat. Folglich geht logisch der innere Wert dem Wert als Mittel vor.« (...)

Mittel und Zweck sind qualitativ so eng miteinander verknüpft, daß die wahre Frage niemals die sprichwörtliche sein kann: »Heiligt der Zweck die Mittel?«, sondern immer lauten muß: »Heiligt dieser besondere Zweck jenes besondere Mittel?«

II

Der Aufbau von Bürger-Organisationen

II

Das Programm

Was ist ein Bürger-Programm? Schon die Frage selbst führt zu der auf der Hand liegenden, richtigen Antwort, daß ein Bürger-Programm das ist, worüber die Bürger selbst entscheiden. Es besteht aus einer Reihe von Prinzipien, Absichten und Verfahrensweisen, auf die man sich gemeinsam einigen konnte.

Was immer wieder vergessen wird und daher nicht oft genug betont werden kann, ist, daß eine Bürger-Organisation zwei wichtige Aufgaben besitzt. Beide sind gleich wichtig. Die eine ist, daß Organisation Macht schaffen wird, die kontrolliert und bei der Durchsetzung des Programms angewendet werden soll. Die zweite besteht darin, daß ein Bürger-Programm nur durch Organisation entwickelt werden kann. Wenn Menschen zusammengebracht oder organisiert werden, lernen sie ihre unterschiedlichen Standpunkte kennen; sie einigen sich in vielen Punkten auf Kompromisse, sie erfahren, daß viele Meinungen, die sie als ihre ureigenen betrachtet haben, von anderen geteilt werden, und sie entdecken, daß viele Probleme, die sie für ihre Privatsache hielten, allen gemeinsam sind. Aus diesem ganzen sozialen Wechselspiel ergibt sich eine allgemeine Übereinstimmung, und das ist das Bürger-Programm. Danach wird die andere Aufgabe der Organisation wichtig: die Anwendung von Macht zur Durchsetzung des Programms. (...)

Die Möglichkeit, ein eigenes Programm auszuarbeiten, wird eine der größten Motivationen beim Aufbau einer Bürger-Organisation sein. Diese Tatsache zeugt sowohl vom Verlangen des Volkes, das eigene Schicksal zu bestimmen, als auch von den mangelnden Möglichkeiten, dies zu tun. (...)

Solch ein Programm kann und muß von den Bürgern selbst kommen. Die konkrete Planung eines völlig in allen Einzelheiten entworfenen Programms durch wenige Personen ist eine höchst diktatorische Handlung. Es ist kein demokratisches Programm, sondern ein monumentales Zeugnis für mangelndes Vertrauen in die Fähigkeit und die Weisheit breiter Bevölkerungsgruppen, sich ihren eigenen gedanklichen Weg zu einer erfolgreichen Lösung der Probleme zu bahnen. Es ist kein Bürger-Programm, und die Bürger werden mit ihm auch wenig zu tun haben.

Es sollte kein zu großer Wert auf Besonderheiten und Details in einem Bürger-Programm gelegt werden. Die einzelnen Programmpunkte sind nicht so wichtig, wenn man die enorme Bedeutung berücksichtigt, die Menschen zu interessieren und sie zur Teilnahme am demokratischen Leben zu bewegen. Letzten Endes besteht das eigentliche demokratische Programm in einem demokratisch gesinnten Volk, einem gesunden, aktiven, beteiligten, interessierten, selbstbewußten Volk, das sich durch seine Beteiligung und sein Interesse informiert, erzieht und vor allem den Glauben in sich selbst, seine Mitmenschen und die Zukunft entwickelt. Das Volk selbst ist die Zukunft. Das Volk selbst wird jedes Problem lösen, das sich in einer sich verändernden Welt stellt. Das Volk wird es schaffen, wenn es die Möglichkeiten und die Macht besitzt, Entscheidungen zu treffen und durchzusetzen, anstatt die Macht im Besitz einiger weniger zu sehen. Keine Clique oder Kaste, Machtgruppe oder wohlwollende Verwaltung kann die Interessen des Volkes so sehr vertreten wie das Volk selbst.

Die Ausarbeitung eines Bürger-Programms geht Hand in Hand mit der Organisation der Bürger. Ein Bürger-Programm und die Organisation einer Bürger-Bewegung sind die beiden Seiten einer Medaille. Das eine kann vom anderen nicht getrennt werden.

Bestimmte, allgemein anerkannte moralische Grundsätze bilden unweigerlich die Eckpfeiler jeder echten Bürger-Organisation. Der eigentliche Charakter der Organisation wird die gesellschaftliche Verkörperung des glühenden Rufes der Französischen Revolution »Freiheit, Gleichheit, Brüderlichkeit« sein oder das, was die großen Weltreligionen als Achtung vor der »Würde des Menschen« beschreiben. (...)

Hat man Vertrauen zum Volk, sollte man ihm zutrauen, daß es ein Bürger-Programm entwerfen kann. Gefällt einem das Programm nicht, sollte man sich daran erinnern, daß es dem Volk gefällt. Laßt die Planungsapostel nie vergessen, daß das Wichtigste im Leben die Substanz und nicht die Struktur ist. Die Substanz einer Demokratie ist das Volk, und falls die Substanz gut ist – falls das Volk gesund ist, interessiert, informiert, beteiligt, erfüllt vom Vertrauen in sich selbst und die anderen –, dann wird sich in der Struktur unweigerlich die Substanz widerspiegeln. Die eigentliche Organisation eines Volkes, die es befähigt, sich seiner Möglichkeiten und Verpflichtungen bewußt zu werden, ist ein gewaltiges Programm für sich. Es ist letztlich das Bürger-Programm. (...)

Eine Bürger-Organisation wird unweigerlich feststellen, daß ihre Probleme alle Aspekte des Lebens berühren. Aus diesem Grund unterscheidet sich ein Bürger-Programm wesentlich von den herkömmlichen Programmen einer durchschnittlichen Gruppe, die sich in einer Bürgerinitiative oder einem Stadtteilverein zusammenschließt und behauptet, ein Bürger-Programm zu besitzen.

Die Programme dieser herkömmlichen Vereinigungen gründen sich auf zwei wesentliche Trugschlüsse, die in einem Bürger-Programm auffallenderweise fehlen. Der erste Trugschluß ist, daß jedes Problem losgelöst von allen anderen Problemen gesehen wird. Es kann dabei um Jugendprobleme, Jugendkriminalität, Kriminalität, Mieterfragen, Krankheiten und noch viel mehr gehen, aber ein Verein wird gegründet, um den Versuch zu unternehmen, eines dieser besonderen Probleme zu lösen oder weitestgehend abzuschwächen. (...)

Von einem zweckmäßigen Standpunkt aus gesehen, kann das Problem der Jugend (oder jedes andere Problem) nicht als isoliertes Phänomen betrachtet werden. Ebensowenig kann jedes besondere Problem der Jugend überhaupt verstanden und untersucht werden, wenn man es nicht im Zusammenhang sieht. Ein bezeichnendes Beispiel für diese Art zerlegenden Denkens liefert die übliche Erforschung des Verbrechens. Das Verbrechen kann genau genommen nur als ein Aspekt eines Problems allgemeiner sozialer Verfallserscheinungen betrachtet werden. Bereits am

Anfang der Studien über das Verbrechen wird man mit einer Vielfalt sozialer Mißstände konfrontiert. Solche Aspekte dieser trostlosen Szene wie Arbeitslosigkeit, Fehlernährung, Krankheiten, Verfall, Enttäuschungen und vieles andere mehr, einschließlich Kriminalität, sind einfach Teile eines Gesamtbildes. Diese Probleme sind nicht voneinander zu trennen. Eine vernünftige Herangehensweise an das Problem des Verbrechens würde deshalb die Behandlung aller anderen Probleme beinhalten, die Teil und Stückchen der Entstehung der Kriminalität sind.

Deutlich ist, daß sich eine Vereinigung mit den grundlegenden Problemen der Arbeitslosigkeit, der Krankheiten und der Wohnverhältnisse beschäftigen muß, wie auch mit den Ursachen der Kriminalität, will sie das Problem der Jugend oder des Verbrechens wohlüberlegt bekämpfen. Die herkömmlichen Vereinigungen sind dazu nicht in der Lage. Ihnen fehlt das Rüstzeug, grundlegende soziale Probleme anzugehen, und sie wollten dies auch nie. Die Vereinigung, gegründet zur Bekämpfung des Verbrechens, erklärt, ihre Aufgabe sei es, sich ausschließlich mit der Kriminalität zu beschäftigen und nicht mit solch kontroversen Sachen wie Konflikten um Mindestlöhne und Sozialhilfe, Privat- und Sozialwohnungen, öffentliche Gesundheitsversorgung und privatärztliche Behandlung und mit anderen grundlegenden Problemen. Verstandesmäßig und logischerweise werden Mitglieder einer solchen Vereinigung zugeben, daß man nicht hoffen kann, die Ursachen der Kriminalität zu beseitigen, wenn man nicht das ganze Umfeld angeht; in der Praxis werden sie sich jedoch nachdrücklich aus allem Kontroversen heraushalten.

Arbeitsplätze, höhere Löhne, wirtschaftliche Sicherheit, Wohnungen und Gesundheit gehören zu den wichtigsten Dingen im Leben, und sie sind alle umstritten. Diese Probleme müssen offen, mutig und kämpferisch angegangen werden. Wer das nicht will, sollte nicht wagen, zu Arbeitslosen zu gehen, die nicht wissen, woher sie ihre nächste Mahlzeit nehmen sollen, die mit ihren Kindern in der Gosse der Verzweiflung leben, und ihnen keine Nahrung, keine Arbeitsplätze, keine Sicherheit anbieten, sondern beaufsichtigte Freizeitbeschäftigung, Bastelkurse und Persönlichkeitsbildung! Aber genau das wird immer wieder getan! Anstatt das Recht auf Arbeit für ein bißchen Brot und Butter zu garantieren, kommen wir mit Almosen!

Menschen für einen Job auszubilden, wenn es keine Jobs gibt, kommt dem Herausputzen einer Leiche gleich; letztlich bleibt sie trotzdem eine Leiche.

Eben dieses verzerrte Bild bietet ein Slum, in dem die Menschen auf einer niedrigen wirtschaftlichen Ebene ein Leben beladen von Unsicherheiten führen. Was sind überhaupt Slums? Ein Slum ist eine schmutzige, elende, verseuchte Müllhalde voll von Enttäuschungen und Verzweiflung. Es ist ein Ort, an dem die Menschen dahinvegetieren, weil sie nicht über die Mittel verfügen, woanders zu wohnen. Alle leben dort nur aufgrund finanzieller Schwierigkeiten oder wegen der Rassenschranken. Wenn ein Stadtteilverein irgend etwas Bedeutendes zur Lösung der Probleme der Bevölkerung unternehmen will, sieht er sich immer mit dem vordringlichen Ziel konfrontiert, die grundlegenden Bestandteile anzugreifen, die den wirtschaftlichen Verfall des Slums und seiner Bewohner verursachen. Wenn wir uns aus den Fesseln der Geschwätzigkeit befreien, ist das Ziel klar und einfach: unsere Aufgabe besteht in der Beseitigung des Slums. Das bedeutet, all jene Kräfte in der Stadt und in der Nation zu bekämpfen, die die menschliche Müllhalde – schlimmer noch, die Fäkaliengrube – geschaffen haben, die wir als Slum kennen.

Es gibt Leute, die nicht mit dieser grundsätzlichen These übereinstimmen. Sie rühmen sich selbst ihrer Techniken und Talente, schwierige Situationen ausgleichen zu können. Sie begegnen den Menschen in den Slums wohlwollend und gütig, nicht um sie zu organisieren und ihnen zu helfen, zu rebellieren und ihren Weg aus dem Dreck freizukämpfen – nein! Sie kommen, um diese Leute »anzupassen«, anzupassen, damit sie in der Hölle leben werden und es auch noch gut finden. Es fällt schwer, sich eine schlimmere Art sozialen Verrats vorzustellen – und diese Niederträchtigkeit wird auch noch im Namen der Nächstenliebe begangen. Ist es ein Wunder, daß die Menschen im Slum murren: »Zum Teufel mit deiner Nächstenliebe. Wir wollen Jobs!« Aber bei Arbeitsplätzen geht es um etwas Grundlegendes, und der Kampf um Arbeitsplätze führt uns in eine äußerst unbarmherzige Arena, den Kampf zwischen Kapital und Arbeit, den Kampf ums Dasein. Diese Probleme haben vor allen anderen Vorrang.

Die herkömmlichen Stadtteilvereine – und das sind eigentlich alle – werden schnell feststellen, daß die Probleme des Lebens sich nicht einzeln in Zellophan einwickeln lassen, und weil sie sich nicht mit den Wurzeln der Probleme auseinandersetzen können und wollen, ziehen sie sich in die Sphäre trivialer, oberflächlicher Verbesserungsvorschläge zurück. Die Menschen beurteilen den Verein nach seinem Programm, und bald sehen sie den Verein als unbedeutend an.

Das Programm einer echten Bürger-Organisation nimmt gelassen die überwältigende Tatsache hin, daß alle Probleme miteinander zusammenhängen und daß sie alle das Produkt bestimmter grundlegender Ursachen sind, daß letztlich der Erfolg bei der Überwindung dieser Mißstände nur durch einen Sieg über alle Mißstände erzielt werden kann. Aus diesem Grund ist ein Bürger-Programm nur durch den Horizont der Menschlichkeit begrenzt.

Die einheimischen Führer

Der Aufbau einer Bürger-Organisation kann nur durch das Volk selbst geleistet werden. Das Volk drückt sich selbst durch seine Führer aus. Unter seinen Führern verstehen wir solche Personen, die von der einheimischen Bevölkerung als solche betrachtet und anerkannt werden. Die eigentlichen oder einheimischen Führer sind bei dem Versuch, eine Bürger-Organisation aufzubauen, von fundamentaler Bedeutung, denn ohne ihre Unterstützung und Bereitschaft zur Zusammenarbeit wird ein jegliches Vorhaben in dieser Richtung von Anfang an zum Scheitern verurteilt sein.

Diese einheimischen Führer sind im wahrsten Sinne die wirklichen Vertreter des Volkes in einem Viertel. Sie haben sich ihre Führungsposition innerhalb der Bevölkerung verdient und werden als Führer akzeptiert. Eine Bürger-Organisation muß im Volk selbst wurzeln: Stellen wir uns eine Bürger-Organisation als einen Baum vor, dann wären die einheimischen Führer die Wurzeln und das Volk selber die Erde. Um in der Erde zu ruhen und von der Erde genährt zu werden, muß der Baum tief und fest verwurzelt sein.

Das Volk organisieren heißt, mit ihm zu reden, es zusammenzubringen, damit sie miteinander sprechen und sich einigen können. Aber es ist offenbar unmöglich, alle Menschen an diesem Gespräch miteinander zu beteiligen. Der einzige Weg, sie zu erreichen, führt über ihre eigenen Vertreter oder ihre eigenen Führer. Man redet mit dem Volk durch seine Führer, und falls man die Führer nicht kennt, befindet man sich in der gleichen Lage wie eine Person, die jemanden anrufen will, ohne die Telefonnummer zu wissen. Wer diese einheimischen Führer ausfindig macht, kennt die Telefonnummer des Volkes. Mit einheimischen Führern reden bedeutet, mit dem Volk zu reden. Mit ihnen arbeiten heißt, mit dem Volk zu arbeiten, und mit ihnen etwas zusammen aufbauen heißt, eine Bürger-Organisation aufzubauen. (...)

Es ist offensichtlich, daß die vordringlichste und schwierigste Aufgabe eines Organisatoren darin besteht, die eigentlichen einheimischen Führer ausfindig zu machen. Mit wenigen Ausnahmen sind die wirklichen einheimischen Führer außerhalb des Viertels völlig unbekannt. Außenstehende mögen den Namen des örtlichen Gewerkschaftsführers, des Bankiers oder eines Geschäftsmannes kennen, aber selten wissen sie die Namen der vielen kleinen natürlichen Führer, die eine Anhängerschaft von zwanzig oder dreißig Personen besitzen. Darüber hinaus ist die Unkenntnis der Identität der natürlichen Führer eines Viertels nicht auf Außenstehende begrenzt. Häufig sind sie nicht einmal Persönlichkeiten und Geschäftsleuten innerhalb dieses Viertels bekannt.

Die einzelnen einheimischen Führer lassen sich nicht mit üblichen Mitteln wie Fragebogen oder Interviews ausfindig machen. Nur durch Nachforschungen, die unendliche Geduld verlangen, spürt man sie auf. Man muß sich in zahlreiche zwanglose Situationen begeben und ständig jedes Wort und jede Geste genau beachten, denn durch Wörter und Gesten erkennt man die Rolle einer bestimmten Person im Viertel und kann sie einschätzen. Das bedeutet, daß man schärfstens beobachten und jede Spur dauernd überprüfen muß. Der erfolgversprechendste Rahmen für die Entdeckung einheimischer Führer sind oft Kneipengespräche, Kartenspiele und andere ungezwungene Zusammenkünfte, bei denen die zwanglose Stimmung sich gegen Mißtrauen und Zurückhaltung durchsetzt. Das bedeutet: vertraulicher Umgang mit bestimmten Interessengruppen in einem Viertel, und zwar mit religiösen, kommerziellen, sozialen, gewerkschaftlichen und allen anderen. Das bedeutet, sich durch diese Interessengruppen durchzuarbeiten, um die eigentlichen Führer zu entdecken. In vielen Fällen werden diese Führer offiziell keinerlei Posten besitzen, sondern sie ziehen vielmehr die Fäden hinter den Kulissen. (...)

Wie die Menschen eine Vielzahl von Interessen haben, so besitzen sie ebenfalls eine Vielzahl von Führern. Das Problem, die einheimischen Führer auszumachen, ist ebenso verworren und kompliziert wie das, die Kräfte, Interessen und zahllosen Bestandteile zu verstehen, die alle zum Leben eines Viertels gehören. Ein Mann ist Mitglied einer Kirche, einer Gewerkschaft, eines Vereins, einer sozialen oder politischen Gruppe und etlicher anderer Interessengruppen. Nachforschungen werden ergeben, daß dieser Mann eine bestimmte Person als Führer anerkennt, auf dessen Urteil er in politischen Fragen vertraut, aber wenn er mit finanziellen Problemen konfrontiert ist, wird er sich an einen seiner Kollegen in der Gewerkschaft wenden. Und so geht es weiter. Er mag innerhalb seines Wirkungskreises fünf oder sechs Personen haben, an die er sich in den unterschiedlichsten Angelegenheiten wenden kann.

Daraus geht klar hervor, daß man nur selten jemandem über den Weg läuft, der als vollendeter Führer bezeichnet werden kann, als Person also, die in allen Belangen über eine Anhängerschaft von vierzig oder fünfzig Leuten verfügt. Laßt uns die Sache einmal unter diesem Gesichtspunkt betrachten. Joe Dokes, ein Betriebsrat, mag eine Anhängerschaft von vierzig oder fünfzig Leuten haben, die seine Entscheidungen in Sachen Arbeit als endgültig ansehen. Zehn von ihnen werden jedoch auf Robert Rowe schauen, wenn es um finanzielle Probleme geht, und der arbeitet ganz woanders, aber sie kennen ihn aus einem Verein. Zehn andere wenden sich an John Doe, den Wirt der Kneipe, und suchen bei ihm finanziellen Rat. Von den zwanzig Genannten halten dreizehn Sidney Smith für ihren politischen Führer; Sidney ist Feuerwehrmann.

Folglich ist die Frage, was einen Führer ausmache, nicht zu trennen von der großen Zahl von Teilführern oder Führern kleiner Gruppen und den Einzelaspekten ihres Lebens. Die Zahl der natürlichen Führer ist deshalb beträchtlich. Dies gilt für dieses Viertel wie für jeden anderen Bereich der Bevölkerung, einschließlich den des Lesers. Diese natürlichen Führer – die »Little Joes« – spielen, das ist klar, eine äußerst bescheidene Rolle im Viertel. (...) »Little Joe« mag ein Autoschlosser sein, ein Kellner, ein Fahrstuhlführer, ein Busfahrer. Unter diesen einfachen Leuten finden sich die natürlichen Führer natürlicher Gruppen, die es überall gibt.

Es ist die Aufgabe des Organisators, diese natürlichen Führer ausfindig zu machen, mit ihnen zusammenzuarbeiten und darüber hinaus, das ist äußerst wichtig, zu ihrer weiteren Entwicklung beizutragen, damit sie von ihren Anhängern nicht nur in einem begrenzten Bereich anerkannt werden. Diese Ausdehnung der Führerschaft von einer begrenzten Rolle zu einer umfassenderen stellt eine natürliche Entwicklung dar, die mit dem Wachsen der Bürger-Organisation Hand in Hand geht.

Ein Teilführer merkt sehr schnell, daß er seine Position in einer Bürger-Organisation nur dann halten kann, wenn er sich informiert und seine Fähigkeit auch in anderen Bereichen beweist, die zum Bürger-Programm gehören. Wie wir festgestellt haben, ist das Programm einer Bürger-Organisation allumfassend und schließt jedes Problem im Leben des Menschen ein. Ein Führer in einem solch breit angelegten Programm muß zwangsläufig vielseitige Fähigkeiten und Fertigkeiten demonstrieren und nicht nur begrenzte Qualifikationen, die für eine beschränkte Anhängerschaft ausreichen.

Das ist genau mit der Entwicklung einer einheimischen Führerschaft gemeint. Das heißt nicht, was so viele Leute denken, daß es keine Führerschaft an der Basis gibt. Es gibt sie sehr wohl, aber sie ist begrenzt, und ihre Entwicklung ist die Entwicklung von Teilführern zu ganzen Führern ihres Volkes.

Selbst dem besten außenstehenden Organisator, dessen Denken und Handeln seiner demokratischen Überzeugung entspricht und der volles Vertrauen in das Volk und ihre Führer hat, kann eine Bürger-Organisation nicht vollständig aufbauen. Er kann anspornend und fördernd wirken und im Anfangsstadium der Organisation von unschätzbarem Wert sein. Er kann bei der Grundsteinlegung leitend sein – aber nur die Bevölkerung und ihre Führer können eine Bürger-Organisation aufbauen.

Traditionen und Organisationen eines Viertels

Die Grundlage einer Bürger-Organisation ist das Leben der einheimischen Bevölkerung. Deshalb ist der erste Schritt beim Aufbau einer Bürger-Organisation das Verständnis des Lebens in einem Viertel, und zwar nicht nur im Hinblick auf die individuellen Erfahrungen, Gewohnheiten, Werte und Ziele; sondern ebenfalls unter dem Gesichtspunkt gemeinschaftlicher Gewohnheiten, Erfahrungen, Bräuche, Zwänge und Wertvorstellungen: der Traditionen eines Viertels. (...)

Man kann nicht oft genug betonen, wie wichtig es ist, die Traditionen der Menschen zu kennen, denen man vorschlägt, sich zu organisieren. Damit ist nicht die umfassende Kenntnis aller ihrer Traditionen gemeint, wohl aber, daß der Organisator mit den augenfälligsten Traditionen der Bevölkerung vertraut ist. Und das heißt mehr, als sich als Organisator bewußt zu sein, daß man nicht mit einem Schinkenbrötchen in ein Viertel orthodoxer Juden gehen kann. (...)

Die, die eine Bürger-Organisation aufbauen wollen, fangen realistischerweise mit dem an, was sie vorfinden. Es ist egal, ob sie mit den örtlichen Umständen, Traditionen und Verbänden einverstanden sind oder nicht; Tatsache bleibt, daß dies die Ausgangsbedingungen für die Arbeit sind. (...)

Der Aufbau einer Bürger-Organisation ist keine Frage einer persönlichen Wahl. Man beginnt mit den Menschen, ihren Traditionen, ihren Vorurteilen, ihren Gewohnheiten, ihren Einstellungen und all den anderen Umständen, die ihr Leben prägen.

Man sollte immer im Gedächtnis behalten, daß eine echte Organisation des Volkes, von der es voll überzeugt ist und die es ohne jeden Zweifel als seine eigene betrachtet, in den Erfahrungen des Volkes wurzeln muß. Dieser Gesichtspunkt ist wesentlich, soll die Organisation sich auf das Volk gründen.

Die Traditionen eines Volkes sind mit seinen Erfahrungen verknüpft. Die Traditionen eines Volkes verstehen heißt, nicht nur seine Vorurteile, Überzeugungen und Werte zu kennen, sondern das Volk selber zu verstehen. Es heißt, diejenigen sozialen Kräfte zu ermitteln, die für konstruktive demokratische Aktionen eintreten, genauso wie diejenigen, die sie blockieren.

Ein Volk kennen heißt, seine Religionen zu kennen, seine Wertvorstellungen, Ziele, Bräuche, Sanktionen und Tabus. Es heißt, nicht nur seine Beziehungen und Einstellungen untereinander zu kennen, sondern auch seine Haltung Außenstehenden gegenüber. (...)

Der Organisator, der eine Ahnung von örtlichen Traditionen hat und sie versteht, ist in der Lage, mit einer Schnelligkeit und Gründlichkeit zu organisieren, die den Betrachter erstaunt.

Das Viertel »Across the Tracks« (hinterm Bahndamm) war immer schon für seine Härte bekannt. Viele Bewohner dieses Viertels ärgerten sich darüber, daß sie überall automatisch für Rabauken gehalten wurden, die beim geringsten Anlaß eine Schlägerei anfingen. Das passierte den Bewohnern von »Across the Tracks« auch bei den Arbeitsämtern, wenn sie sich nach einem Job erkundigten. Diese Tradition wurde bei einer Organisationskampagne im positiven Sinne genutzt, so daß die Bürger-Bewegung, die in diesem Viertel entstand, sich ihrer Härte rühmte. Die Tradition führte die Kampagne von Sieg zu Sieg gegen äußerst starke Interessen in ihrer Stadt.

In Bagville gab es die Legende, daß das Viertel sehr gesund, wohlhabend und attraktiv gewesen war bis 1915, als eine verheerende Überschwemmung Zerstörungen und Verwüstungen mit sich brachte. Nach der Flut war die Gegend zu einem der schlimmsten Slums, berüchtigt im ganzen Land, geworden. Die Schönheit Bagvilles vor der Katastrophe wurde zum Ziel des Viertels, obwohl viele Einwohner viel zu jung waren, um sich an die Flut zu erinnern, prägte das sich erhebende Bagville den Slogan: »Zurück zu dem, wie es vor der Flut von 1915 war.« Dieser Slogan vereinigte viele der gegensätzlichen Teile des Viertels und wurde zur Triebfeder bei der Organisation der Bürger-Bewegung.

In allen Vierteln gibt es die unterschiedlichsten Verbände und Organisationen – Kirchen, Sportvereine, Heimatverbände, Wohltätigkeitsverbände, religiöse Gemeinschaften, Dienstleistungsorganisationen, Freizeitgruppen, Logen, politische Parteien und etliche andere mehr. Zu Beginn der Organisationsarbeit kann man mit Sicherheit davon ausgehen, daß sich ein großer Teil dieser Verbände dem Aufbau einer Bürger-Organisation entgegenstellen wird. Sie werden ihre Feindseligkeit in vielen Formen zum Ausdruck bringen, zum Beispiel das Programm ablehnen, Bedenken über die Zukunftsaussichten von solch einer Organisation anmelden, überhaupt alle möglichen Gründe vorbringen, nur nicht die wahren. Der wirkliche Grund ist, daß diese Verbände am Leben des Viertels beteiligt sind. Viele von ihnen befinden sich in ständiger Konkurrenz mit anderen und kämpfen unaufhörlich ums Überleben. Sie sehen in der Einführung einer neuen Bewegung eine weitere Bedrohung ihrer Sicherheit. Das heißt, daß viele ihrer eigenen Leute sich an die neue Organisation binden werden. Das heißt auch, daß diese neue Organisation die Geldquellen des Viertels anzapfen wird und dadurch die Mittel verringert, die bisher den bestehenden Verbänden zuflossen. Ebenso befürchten die bestehenden Verbände, daß einige ihrer Aufgaben von der neuen Organisation übernommen werden und ihr eigenes Überleben zusätzlich gefährdet wird. Ein weiterer Grund für die Ablehnung einer neuen Organisation ist die Tatsache, daß ihr Entstehen damit im Zusammenhang zu sehen ist, daß die örtlichen Verbände ihre Aufgabe nicht gelöst haben oder unfähig dazu sind.

In einem Viertel sagte ein Pfarrer zum Organisator: »Warum sollte mich Ihr Auftauchen nicht verbittern? Wenn dieses Viertel nun sagt, daß es mit diesem und jenem Schluß machen will, dann heißt das doch, daß ich hier die letzten zwölf Jahre herumgesessen habe, ohne etwas zu tun, und wenn es damit Erfolg hat, stehe ich um so mehr wie ein Narr da, und was werden mir meine Spender nächstes Jahr sagen, wenn ich sie um Unterstützung für meine Gemeinde bitte? Sie werden sagen: 'Sieh dir doch mal an, was die

Bürger-Organisation in nur einem Jahr geschafft hat, und du hast uns in all diesen Jahren erzählt, man könnte nichts tun.'« (...)

Viele Organisatoren sind verbittert über die Hindernisse, die örtliche Verbände ihnen in den Weg legen, und sie merken dabei nicht, daß sie zum Teil selber die Schuld dafür tragen. In ihrem Eifer nehmen sie Aufgaben wahr, die örtliche Verbände als ihr Eigentum betrachten. Die Organisatoren mögen sich verteidigen: »Schließlich sagt die Kirche, daß diese Art von Programm genau das ist, was sie macht, aber sie haben nichts in dieser Richtung unternommen, und weil etwas getan werden mußte, haben wir es getan. Wir hätten uns doch nicht damit beschäftigt, wenn sie ihren Teil der Last trügen, aber wir nehmen ihnen nichts weg, weil sie sich vorher nicht darum gekümmert haben.« Der Organisator sollte erkennen, daß die örtlichen Verbände, mit denen er Schwierigkeiten hat, einen äußerst wichtigen Teil des demokratischen Lebens darstellen. Streng genommen bilden sie das eigentliche Skelett der Demokratie. (...)

Der Organisator würde weitaus weniger Schwierigkeiten mit örtlichen Verbänden haben, falls er wirklich die Gründe für ihre ablehnende Haltung versteht. Sobald er die Gründe versteht, würde er als erstes mit allen Verbänden des Viertels zusammenarbeiten, um eine Bürger-Organisation aufzubauen, wobei sie die eigentliche Grundlage wären. Die Bürger-Organisation würde anfangs eine Organisation der Organisationen sein. Diese Art von Organisation stellt keine Bedrohung für irgendeinen der einzelnen Verbände dar. Im Gegenteil, durch eine Bürger-Organisation und ihre kooperativen Beziehungen werden die Trennwände zwischen den unterschiedlichen Verbänden niedergerissen. Die engen Verbindungen und die offenen Gespräche zerstören die Vorurteile und das Mißtrauen, die daraus erwachsen, daß sich Verbände gegenseitig bekämpfen, anstatt zusammenzuarbeiten. Ein örtlicher Priester, der sich anfangs gegen den Aufbau einer Bürger-Organisation stark gemacht hatte, sagte: »Zuerst habe ich wirklich befürchtet, daß diese neue Bürger-Organisation die bereits geringe finanzielle Unterstützung, die unsere örtlichen Verbände und Kirchen von der Bevölkerung erhielten, noch stärker reduzieren würde. Jedes Mal, wenn ich einen Basar veranstaltet habe, hielten die anderen Kirchen und Organisationen ihre Leute davon ab, meinen Basar zu besuchen, weil sie nicht wollten, daß sie ihr Geld bei mir ausgaben. Sie hofften natürlich, daß die Leute ihr Geld nur in ihren eigenen Kirchen ausgeben. Ich nehme an, es handelte sich dabei um den natürlichen Wunsch, die finanziellen Quellen der eigenen Leute zu erhalten. Seit es jedoch die Bürger-Organisation gibt, denken die Leute, wenn sie sich selbst meinen, an alle im Viertel, an alle Verbände und an alles, was das ganze Viertel ausmacht. Bevor es die Bürger-Organisation gab, kamen bei meinem Basar nicht mehr als 4 000 im Jahr heraus. Seit der Bürger-Organisation haben wir nie weniger als 22 000 bis 25 000 hereinbekommen. Es gibt Leute, die denken nur in Zahlen. Sie sagen: 'Uns interessieren keine Worte, sondern Dollars und Cents'. Nun, in Dollars und Cents sprechen die Zahlen für sich selbst. Wenn ich jetzt einen Basar veranstalte, unterstützt jeder, und das heißt auch jede Kirche, unseren Basar. Sie fordern ihre Leute auf, zu uns zu kommen, so wie wir unsere Leute auffordern, zu ihren Basaren zu gehen. Es ist wirklich erstaunlich, wieviel mehr das Leben jedem einzelnen bieten kann, wenn wir alle an einem Strang ziehen, anstatt uns gegenseitig die Kehle durchzuschneiden.«

Es kommt noch hinzu, daß eine Bürger-Organisation, die in einem Viertel verwurzelt ist, keine von außen herangetragene Bewegung ist. Das Ziel der Organisation sollte darin gesehen werden, jene größeren Probleme in Angriff zu nehmen, mit denen ein einzelner Verband gar nicht fertig werden kann, weil er zu klein oder zu schwach ist. Jeder Verband führt seine eigene Arbeit fort, aber alle haben sich zusammengetan, um genügend Stärke zu erlangen, die Probleme anzupacken, die so umfassend und groß sind, daß kein Stadtteilverein jemals in Erwägung gezogen hätte, sie anzugeben. Ein solches Programm bedroht weder die Zukunft noch die Betrachtungen über die Vergangenheit irgendeines örtlichen Verbandes.

Der Organisator wird hingegen häufig auf unterschiedliche Verbände treffen, deren Politik sich gegen die Grundideen einer Bürger-Organisation richten. In solchen Fällen wird er sich nicht entmutigen lassen oder sich abfällig über die feindselige Haltung dieser Verbände äußern, falls er daran denkt, daß – ähnlich wie sich Menschen ändern, wenn sie sich gegenseitig kennenlernen – sich die Politik dieser Verbände in dem Augenblick ändern wird, wenn sie an der Bürger-Organisation beteiligt werden. Wenn die Führer der Verbände sich gegenseitig kennenlernen, ändern sich ihre persönlichen Meinungen und Einstellungen, folglich auch die Einstellungen und die Politik ihrer Organisationen. Wenn er sich das vor Augen hält, braucht sich der Organisator am Anfang nicht allzu sehr den Kopf zerbrechen über die reaktionäre Politik einzelner Verbände im Viertel. Er wird feststellen, daß eine Mischung aus fortschrittlicher Politik einer fortschrittlichen Bürger-Organisation und konservativer Politik einzelner Verbände im Viertel zu einem fortschrittlichen Ergebnis führen wird. Die Erfahrung lehrt die Gültigkeit dieses Satzes, ganz gleich, wie groß die Kluft zwischen zwei Verbänden auch immer gewesen sein mag. Man kann das mit dem chemischen Prozeß vergleichen, bei dem Wasserstoff und Sauerstoff im richtigen Verhältnis zueinander und unter den richtigen Bedingungen zusammengebracht werden und sich zu einem ganz neuen Produkt verbinden: Wasser. Zur Aufgabe des Organisators wird es, zunächst die beiden Elemente zusammenzubringen und dann sicherzustellen, daß sie im richtigen Verhältnis zueinander stehen.

Organisationstaktiken

Der Radikale weiß, daß er den Leuten, um mit ihnen zu arbeiten, zunächst auf der Grundlage allgemeiner Verständigung begegnen muß. Das ist so einfach und wesentlich wie das Erlernen einer Sprache, mit der jemand versucht, sich zu unterhalten. Die Vorgehensweisen oder Taktiken, die folgen, sollten in diesem Sinne verstanden werden. Sie sind die einfachen Mittel, mit denen man die Leute aufrüttelt, sich zu erheben und sich zu bewegen. Einige Kritiker haben diese Mittel als Feuer beschrieben, mit denen man Feuer bekämpft. Das ist nicht ganz wahr, weil diese Vorgehensweise nur während der frühen Stadien der Organisationsarbeit praktiziert wird. Der Radikale ist sich voll der Tatsache bewußt, daß sie zeitweilige Hilfsmittel beim Beginn der Organisationsarbeit sind. (...)

Praktisch leben alle Menschen in einer Welt der Widersprüche. Sie treten für moralische Grundsätze ein, nach denen sie nicht leben. Sie werden uns erzählen, daß sie leidenschaftlich an das Christentum und die Brüderlichkeit des Menschen und all ihre Konsequenzen glauben trotz der Tatsache, daß die meisten ihrer Handlungen auf die Ausbeutung ihrer Mitmenschen ausgerichtet sind. Sie versuchen ständig, diesem Dilemma zu entkommen, indem sie jede Menge von Erklärungen parat haben wie: »Sicher, wir glauben an das Christentum, aber Geschäft ist schließlich Geschäft.« Die große Trennung zwischen ihren moralischen Prinzipien und ihrer tatsächlichen Lebensweise löst sich selbst in einer außerordentlichen Unbeständigkeit und inneren Widersprüchen auf.

Der Organisator kann und sollte sich dieses Dilemma voll zunutze machen, um einzelne und Gruppen für eine Bürger-Organisation zu gewinnen. Dies ist genau die Achillesferse bei den noch so materialistisch eingestellten Personen. Gefangen in der Falle ihrer eigenen Widersprüche, wird es diesen Personen schwerfallen, gegenüber dem Organisator und sich selbst ausreichende Gründe aufzuführen, warum sie nicht der Organisation beitreten und sich an ihr beteiligen. Sie werden entweder zur Teilnahme genötigt oder zu einem öffentlichen und persönlichen Eingeständnis ihres fehlenden Glaubens an die Demokratie und den Menschen. Die meisten Leute suchen eifrig nach einem Mittelweg, einer Möglichkeit, wie sie die Kluft zwischen ihren moralischen Prinzipien und ihrem Handeln überbrücken können. Die vergebliche Suche nach einem zufriedenstellenden und gangbaren Weg zur Lösung dieser inneren Konflikte führt zu Vereinfachungen wie, daß alles schon richtig sei, wie es ist, und daß man doch nichts ändern könne. Es ist die alte Geschichte, daß man, sobald man eine falsche Voraussetzung akzeptiert, sie mit immer neuen falschen Argumenten stützen muß. Sobald man eine Lüge erzählt, muß man eine zweite nachschieben, um die erste zu verschleiern, und ein endloser Kreislauf hat begonnen. Ein Christ, der daran glaubt, daß Gott den Menschen nach seinem Ebenbild geschaffen hat, und dabei sein Vorurteil gegenüber Schwarzen aufrechterhält, wird versuchen, seinen inneren Konflikt dadurch zu lösen, daß er sich einredet, daß Schwarze »wirklich minderwertig« seien. Dem Menschen muß die Möglichkeit geboten werden zu einer heilsamen, konsequenten Versöhnung zwischen seinen moralischen Grundsätzen und seinem Handeln oder er wird zu krankhaften Rechtfertigungen gedrängt.

Viele Verfechter und Anhänger der Bürger-Organisationen prangern bitter den Eigennutz als eines der Haupthindernisse an, das überwunden werden muß, wenn Menschen in einer kooperativen Gemeinschaft organisiert werden sollen. (...) Diese Organisatoren haben niemals erkannt, daß viele scheinbare Hindernisse äußerst vorteilhaft genutzt werden können. Tatsache ist, daß Eigennutz eine höchst wirkungsvolle Waffe bei der Entwicklung von Zusammenarbeit sein kann und bei der Erkenntnis, daß das

Allgemeinwohl von größerer Bedeutung als persönliches Wohlergehen ist.

Der schlaue Organisator wird bei dem Versuch, Menschen zu erreichen, nicht in Sack und Asche abseits stehen und bestimmte Lebensabschnitte und Traditionen als Hindernisse seiner Arbeit beweinen. Jeder sollte sich an den Grundsatz des Organisierens erinnern, daß jedes Hindernis bestimmte Vorteile in sich birgt. (...)

Wie man Habgier für eine gute Sache nutzbar machen kann, zeigen anschaulich die Erfahrungen eines erfolgreichen Organisators:

Wir hatten im Viertel gerade mit der Arbeit begonnen und einige Verbände zusammengebracht, als ich Mr. David aufsuchte. Mr. David war seit vielen Jahren ein Gemüse- und Obsthändler im Viertel. Während der ganzen Zeit hatte er es vermieden, sich für irgendeine soziale Sache einzusetzen oder bei einer Gruppe im Viertel mitzumachen. In vielerlei Hinsicht war er ein für diese Gegend typischer Geschäftsmann. Ich erzählte ihm, daß wir eine Bürger-Organisation aufbauen wollten, um einige der Probleme im Viertel anzugehen, so auch das, daß viele Kinder dort fehlernährt, schlecht gekleidet waren und leicht auf die schiefe Bahn gerieten. Während des ganzen Gesprächs hatte Mr. David die Hand in seiner rechten Hosentasche, in der er offensichtlich an Geldscheinen herumfummelte, und seine Augen wanderten im Laden herum. Seine ganze Verhaltensweise verriet mir, daß er mich für einen weiteren Weltverbesserer hielt, und sobald ich meinen Spruch heruntergebetet hätte, würde er mir einen oder zwei Dollar geben und mir alles Gute wünschen. Ich wechselte plötzlich das Thema, sprach nicht mehr von den Kindern, sondern wies indirekt darauf hin, welche Konsequenzen seine Mitarbeit in der Organisation hätte. Und dann passierte es. Seine Augen leuchteten wie Neonlichter auf, man konnte fast sehen, wie sich in seinem Kopf die Zahnräder wie in einem Zeichentrickfilm von Disney drehten, und man konnte ihn denken hören, ohne daß er etwas sagen mußte. Man konnte Mr. Davids Gedanken in seinem Gesicht ablesen: »Natürlich, das ist ja wunderbar. Ich werde zu dieser

Versammlung gehen, vor all diesen Gewerkschaftsführern, Pfarrern, Priestern und Vertretern der verschiedenen Nationalitätengruppen aufstehen und sagen: 'Schon seit Jahren blutet mein Herz, wenn ich die armen Kinder in unserem Viertel sehe, wie sie herumlaufen müssen, und während all dieser Jahre konnte ich nichts dagegen tun, weil es nie eine wirkliche Bürger-Organisation gab, eine unseres Viertels. Ja, es stimmt schon, daß es viele wohlmeinende Leute gab, die etwas unternehmen wollten, aber sie wußten nicht, worum es ging, und sie haben sich eigentlich nicht um die Menschen hier gekümmert. Allen ist das bekannt. Und so konnte ich wenig ausrichten, aber jetzt, jetzt haben sich die Menschen hier selbst zusammengetan, und jetzt, wo ich jemanden habe, mit dem ich zusammenarbeiten kann, ist mein Herz erfüllt von Glück, und ich, Joseph David, werde dieser Organisation helfen, nicht nur mit Geld, sondern mit allem, was ihr wollt, und ich spende hiermit 300 Dollar für diese Bewegung.'«

Mr. David dachte sich: »Und wo könnte ich bessere Geschäftsverbindungen knüpfen als bei dieser Versammlung. Solch eine Werbung kann ich nirgendwo anders machen. Natürlich, immer, wenn jemand einkaufen geht und seinen Gewerkschaftsführer, Pfarrer, Priester, Rabbi, den Vorsitzenden des Kegelvereins trifft, wird der ihm sofort sagen, er soll sein Gemüse bei mir kaufen. Sie werden sagen: 'Geh zu David! David ist ein feiner Kerl. Er interessiert sich nicht nur für sein Geschäft. Er gehört zu uns, arbeitet und kämpft an unserer Seite.' Das ist wunderbar.«

Daraufhin wandte sich David an mich und meinte: »Ich werde heute abend zu dieser Versammlung kommen.« Unmittelbar, nachdem ich Davids Geschäft verlassen hatte, ging ich über die Straße zu Roger, der auch einen Gemüse- und Obstladen hatte, und sprach mit ihm genauso. Roger hatte einen doppelten Ansporn für sein Erscheinen. Zunächst war das Davids Absicht, zu kommen, und dann wollte Roger sicherstellen, daß David ihm nicht einen Teil seines Geschäfts wegnimmt.

An diesem Abend hatten wir bei der Versammlung ein paar Leute, die man als unsoziale Kerle bezeichnen kann, denn sie waren kein bißchen interessiert am Wohlergehen der Menschen im Viertel. Ihr einziges Interesse bestand darin, soviel Werbung wie möglich zu treiben, Wohlwollen zu zeigen und schließlich das größtmögliche Geschäft zu machen. Sie waren gekommen, um geschäftlich zu investieren.

Im Laufe der Versammlung standen sowohl David wie auch Roger auf und hielten Reden ganz im Sinne dessen, was sie sich am Nachmittag gedacht hatten. Beide spendeten äußerst großzügig. Da sie ein so großes Interesse am Wohlergehen unserer Kinder bekundeten, beriefen wir sie ins Kinder-Komitee. Wieder glaubte ich, ihre Reaktion erraten zu können: »Nun, ich habe eigentlich alles erledigt, weswegen ich hierhin gekommen bin, aber jetzt haben sie mich in dieses Komitee gesteckt, so daß ich ein paarmal zu den Treffen hingehen und dann von der Bildfläche verschwinden werde. Schließlich will ich nicht mein Leben in Komitees zubringen!«

Als Teil ihrer ersten Aufgabe wurden die Mitglieder des Komitees in einige Blocks an der West Side im Viertel geschickt. Dort trafen Roger und David persönlich mit den Kindern zusammen, über die sie Reden geschwungen hatten. Sie trafen sie von Angesicht zu Angesicht und redeten sie mit ihren Vornamen an. Sie sahen die Kinder als lebendige Menschen in dem Schmutz und Elend dessen, was die Kinder »Zuhause« nannten. Sie merkten die Freundlichkeit, die Schüchternheit und die innere Würde, die in allen Menschen ist. Sie sahen die Kinder des Viertels zum erstenmal in ihrem Leben. Sie sahen sie nicht als kleine graue Schatten, die an ihrem Geschäft vorbeihuschen. Sie sahen sie nicht als statistische Zahlen, nicht als unpersönliche Diskussionsthemen, sondern als menschliche Wesen. Sie lernten sie kennen, und es entwickelte sich ein herzliches menschliches Verhältnis. Sowohl Roger als auch David zeigten bei dieser Erfahrung den Zorn von jemandem, der plötzlich entdeckt, daß im Leben viele Dinge nicht in Ordnung sind. Einer der beiden verurteilte heftig diejenigen Umstände, die einen Fortbestand von Bedingungen dieser Art erlaubten. Heute zählen diese beiden Personen zu den größten Verfechtern kooperativer Organisationen.

Hätte man sie ursprünglich gebeten, aus purem Idealismus mitzumachen, hätten sie das zweifellos abgelehnt. Hätte man die

Arbeit als kooperativ bezeichnet, wäre sie als radikal verschrien worden.

Genauso, wie sich Individualismus und Eigennutz von einem Hindernis zu einem Vorteil verwandeln lassen, kann der Konkurrenzgeist genutzt werden, um Zusammenarbeit zu entwickeln. Dieses Element wird ebenfalls in der Geschichte von David und Roger deutlich, besonders in Rogers Fall, der zu der Versammlung kam, um sicherzustellen, daß David nicht seinem Geschäft schadet. Diese Kraft der Konkurrenz läßt sich in der Arbeit mit unterschiedlichen Organisationen nutzen. Nachdem ein Anfang gemacht ist, kann man an verschiedene Organisationen einen Appell richten, in dem man deutlich macht, daß einige ihrer Konkurrenten nun Mitglied der Bürger-Organisation sind und daß die Bürger-Organisation ihre ganze Stärke voll entwickelt und ihre Macht natürlich allen Mitgliedsorganisationen zugute kommt. Dadurch werden die Mitgliedsorganisationen stärker und zu Führern im Viertel, zum Nachteil derjenigen, die nicht zur Bürger-Organisation gehören. (...)

Viele Personen und Verbände treten der Bürger-Organisation anfangs bei, um dadurch ihre persönlichen Wünsche nach Macht und Geld zu befriedigen. Es wird immer eine ausreichende Zahl von ihnen geben, die nur aus diesem Grund mitmachen, so daß sie sich wirksam gegenseitig in Schach halten und entdecken werden, daß der einzige Weg, auf dem sie vorankommen, der ist, wenn die ganze Gruppe Fortschritte erzielt. In einem Viertel ging das auf folgende Weise vor sich:

»Viele unserer Geschäftsleute und eine Anzahl unserer Verbände, zu denen auch einige Kirchengemeinden gehörten, beteiligten sich nur an der Organisation, um ihren Konkurrenten eine Schlinge um den Hals zu legen. Was passierte? Wir hatten zahlreiche Gruppen und Personen, die anderen eine Schlinge um den Hals gelegt hatten, so daß keiner wagte, seine Schlinge fester zu ziehen, weil die anderen an der ziehen könnten, die er selbst um den Hals hatte. Natürlich besteht eine Aufgabe der Organisation darin, alle Schlingen zu solch einem komplizierten Knoten zu binden, daß niemand wagt, am Strick zu ziehen.

Letzten Endes werden alle diese Leute und Verbände feststellen, daß sie die Ziele, die sie verfolgen, in den gemeinsamen Topf legen müssen und der einfachste und beste Weg, sie zu verwirklichen, der ist, mit der ganzen Gruppe zusammenzuarbeiten, so daß die ganze Gruppe den ganzen Topf bekommen wird. Nach einer Weile ist die Sache bei weitem nicht mehr so kompliziert, weil, wenn sich die Leute wirklich kennenlernen, vergessen sie alle die Schlingen, und sie halten zusammen, weil sie es wollen, weil sie die anderen schätzen, weil sie sich um das Wohlergehen des anderen kümmern und weil sie mittlerweile wissen, daß das Wohlergehen des anderen ihr eigenes Wohlergehen bedeutet.«

Eine häufige Ursache für das Scheitern von Organisationskampagnen ist in einem mangelnden echten Respekt vor der Würde des Menschen zu sehen. Einige Organisationen fühlen sich den Menschen, mit denen sie arbeiten, innerlich überlegen. Ein Organisator, der sich für etwas Besseres hält, kann trotz all seiner Geshicclichkeit und all seiner Beteuerungen, er glaube an die Gleichheit des Menschen, seine wahre Einstellung nicht verbergen. Er wird sich wiederholt durch Gesten, Ausdrücke oder den Unterton seiner Stimme verraten. Menschen kann man nicht ständig täuschen. Selbst wenn dieser Organisator sympathisch auftritt, ist es eine berechnende Form der Sympathie, die den Menschen bewußt wird.

Ein Organisator, der die Menschen wirklich mag, wird sie instinktiv respektieren. Er wird Erwachsene nicht wie Kinder behandeln. Er wird die größte Rücksicht auf den Stolz und die Gefühle derer nehmen, die er zu organisieren versucht. (...)

Der Organisator sollte zu allen Zeiten einzelne und Gruppen im Zusammenhang mit ihrer gesamten sozialen Situation sehen, in der sie sich befinden. Dieser Gedanke sollte so gründlich verstanden und akzeptiert werden, daß er Teil des Organisators wird, damit er nie einzelne nur als einzelne oder Gruppen nur als Gruppen sieht, sondern als Bestandteile einer gesamten sozialen Situation. Er weiß, daß sich einzelne und Gruppen ihrer sozialen Situation anpassen müssen, weil sie mit ihr zu leben haben. Er weiß, daß Meinungen, Reaktionen und Verhalten von Personen und Gruppen zu einem großen Teil dadurch bestimmt werden, was ihre unmittelbare Umgebung denkt. Jene Organisatoren, die dieses Verhältnis zwischen einzelnen Gruppen und ihrer Umgebung nicht durch und durch verstehen, werden nie den ersten Tag einer Organisationskampagne überleben. Was sie tun werden und was sie getan haben, ist, ihre eigene kleine soziale Situation zu schaffen, an die sie sich anpassen können – aber nicht die Bevölkerung. (...)

Solche Organisatoren, die die Verbindung zwischen Personen, Gruppen und ihrer Umgebung streng beachten, besitzen eine äußerst wichtige Waffe, die bei der Überwindung der Hindernisse beim Aufbau einer Bürger-Organisation eingesetzt wird. Selbst in solchen Extremfällen, wo trotz aller Taktiken, Manöver und des Drucks auf den einzelnen alle Bemühungen des Organisators mit Mißerfolg gekrönt sind, wird das Verständnis des Organisators für die Bedeutung des Verhältnisses zwischen dem einzelnen und der sozialen Situation ihm zahlreiche Erfolgsmöglichkeiten bieten. Er weiß, daß er im Falle anfänglichen Scheiterns eine neue soziale Situation schaffen und den einzelnen mit ihr konfrontieren muß; sobald dieser sich in die neue Situation begibt, muß er sich notwendigerweise anpassen. Diese Anpassung ist die Lösung für das ursprüngliche organisatorische Hindernis. Ein solcher Fall taucht im folgenden Bericht auf:

In einem Viertel im Osten der USA befreundete ich mich mit George Sherry, der einer der mächtigsten Gewerkschaftsführer in dieser Stadt war. Er mochte mich sehr gern, und er selbst war wirklich ein netter Kerl. Die Schwierigkeit war, daß ich George nicht für die Bürger-Organisation interessieren konnte, während ich alle anderen zum Beitritt gebracht hatte. Jedesmal, wenn ich ihn sah, lud er mich zum Abendessen ein, und anschließend nahm er mich zu einem Nachtlokal mit, wo er sich seiner Leidenschaft, dem Striptease, hingab. Jedesmal, wenn ich begann, über die Bürger-Organisation zu reden, wechselte George das Thema.

Nachdem es einige Wochen so gelaufen war, trafen wir uns eines Abends wieder zum Essen, und ich schlug ihm vor, der Organisation beizutreten. George wurde sehr wütend, erhob seine Stimme und schrie: »Sieh mal, Dave, ich mag dich sehr gern. Du bist ein großartiger Kerl. Immer, wenn wir zusammen sind, verbringen wir eine bombige Zeit, aber jedesmal fängst du an, über Bürger-Organisationen blöd herumzuquatschen, und eins sage ich dir: du gehst mir damit auf die Nerven. Mich interessiert das nicht, und wenn du noch einmal deine dämliche Klappe deswegen aufreißt, nur ein einziges Mal, dann ist es aus mit uns, und, Dave, das ist mein Ernst!«

Das hatte ich gemerkt. In jener Nacht bin ich, ich weiß nicht, wie lange, durch die Stadt geirrt. Ich versuchte, mir vorzustellen, wie ich ihn in die Organisation bekommen würde. Erst nach fünf Uhr morgens kam ich zum Hotel zurück, und ich hatte immer noch keine Antwort gefunden. Dann fiel mir plötzlich etwas ein. Ich war mir nicht sicher, was es genau war, aber es war eine Art halber Gedankengang in meinem Hinterkopf über irgend etwas, was mir einmal passiert war oder was ich als Kind gelesen hatte. Am Morgen rannte ich zur Stadtbücherei und schaute mir eine Menge Bücher an, die ich als junger Kerl gelesen hatte. Ich überflog sie, als mir auf einmal eine Idee durch den Kopf schoß. Ich wußte, was ich tun mußte. Es könnte fehlschlagen, aber es gab kein besseres Pferd, auf das ich setzen konnte.

Ich rief zwei von Georges Freunden an, die bereits Mitglieder der Bürger-Organisation geworden waren und sie begeistert unterstützten, und sagte zu ihnen: »Schaut, ihr wollt, daß George Sherry in die Organisation eintritt, oder?« Beide antworteten: »Sicher, aber wir haben die Hoffnung längst aufgegeben.« Ich sagte: »Hört mal zu, vielleicht klappt es doch. Spielt ihr mit?« Sie erwiderten: »Natürlich, worum geht's?« Ich sagte: »Es ist ganz einfach, und alles, was ich von euch verlange, ist folgendes: Ich rufe George an und frage ihn, ob er heute nachmittag mit uns zum Fußballspiel geht. Ich kenne jemanden, der uns gute Karten besorgen kann. Alles, was ich von euch will, ist, daß immer dann, wenn das Spiel spannend wird, wenn es nach einem Tor riecht, ihr euch nicht ums Spiel kümmert und anfangt, miteinander zu flüstern. Und jedesmal, wenn George zu euch meint, was ihr die ganze Zeit zu flüstern hättet, schaut ihr ihn so an, als sei es euch ein wenig unangenehm, und sagt, daß ihr gerade über so eine Geschichte mit der Bürger-Organisation redet, aber er hätte ihnen ja gesagt, sie sollten nicht in seiner Gegenwart darüber sprechen, deshalb hätten sie nur miteinander geflüstert. Also, das macht ihr das ganze Spiel. Danach gehen wir vier essen in einem Nobelhotel, und während des ganzen Essens steckt ihr beide eure Köpfe zusammen und immer, wenn George euch fragt, was ihr zu flüstern habt, gebt ihr ihm wieder voll Stoff: daß ihr versprochen hättet, nicht in seiner Gegenwart über die Bürger-Organisation zu sprechen, deshalb hättet nur ihr beide euch unterhalten, und außerdem gebe es einige Dinge über diese Bürger-Organisation, die seien vertraulich, und da er ja nicht Mitglied sei, könnten sie sowieso nicht laut darüber reden. Danach gehen wir zum Take 'Em Off Club und gucken uns einige Striptease-Tänzerinnen an, und je mehr die sich enthüllen, um so intensiver führt ihr eure kleine Privatkonferenz fort. Habt ihr das verstanden?« Sie sagten: »Sicher, aber glaubst du, daß es funktioniert?« Ich antwortete: »Ich denke schon. Ich bin mir nicht sicher, aber es ist den Versuch wert.«

An dem Nachmittag gingen wir zum Fußballspiel. Jedesmal, wenn sich George wieder hinsetzte, nachdem er bei dramatischen Spielzügen gebrüllt hatte, sah er seine zwei Freunde, wie sie ihre Köpfe zusammensteckten und geschäftig miteinander flüsterten. Am Anfang war seine Reaktion: »Hey, habt ihr den Spielzug nicht gesehen?« Gegen Ende der Partie hatte es sich geändert zu einem »Was zum Teufel ist für euch Kerle so wichtig, daß ihr das halbe Spiel verpaßt? Warum seid ihr überhaupt hierher gekommen?«

Beim Essen reagierte er so: »Was ist, verdammt noch mal, so wichtig, daß ihr euch alle zehn Minuten in Ecken verkriecht?« Beim Striptease sagte er: »Hört mir mal zu, vielleicht kann ich euch helfen, wenn ihr mir sagt, worum's geht«, und dann flehend: »Seit wann habt ihr beiden Kerle denn Geheimnisse vor einem alten Freund?«

Was wir bis dahin hatten, war eine neue Situation oder eine neue kleine Gesellschaft, zu der George nicht gehörte. Die Aufgabe war, George dieser neuen Situation auszusetzen. Das Reizende war die Tatsache, daß er erstens aus etwas ausgeschlossen war und er zweitens durch diesen Ausschluß wichtige Dinge verpaßte. Anders ausgedrückt: George war es gewohnt, als Führer in seiner Gewerkschaft und in seinem Viertel angesehen zu werden, aber hier war eine andere kleine Gemeinschaft geschaffen worden, und George war nicht nur nicht der Führer, sondern er wurde darüber hinaus ignoriert. Er wollte dabei sein, und falls er sich in die neue kleine Situation begeben würde, müßte er sich ihr anpassen. Hineinbegeben hieß mitmachen, und Anpassung hieß, das Programm zu akzeptieren und Teil der Organisation zu sein. Der folgende Zeitungsartikel, der übrigens auf der Titelseite erschien, erzählt das Ende der Geschichte:

»George Sherry, der bekannte Gewerkschaftsführer unserer Stadt, hat heute offiziell die Zusammenarbeit seiner Gewerkschaft mit der neuen Bürger-Organisation bekanntgegeben. Sherry erklärte: 'Als Vorsitzender einer Gewerkschaft mit 22 000 Arbeitern bin ich froh, unsere Zusammenarbeit mit der Bürger-Organisation öffentlich bekanntzugeben. Es ist meine Überzeugung, daß jeder Mitglied werden und sich am Kampf für ein besseres Amerika beteiligen sollte. Ich bin stolz, meinen Platz Schulter an Schulter mit diesen großen Führern in der Bürger-Organisation einzunehmen.'«

So wie die Abhängigkeit des einzelnen von seiner sozialen Situation genutzt werden kann, ihn zum Beitritt zur Organisation zu bewegen, läßt sie sich nicht nur nutzbar machen, um das Verhalten des einzelnen zu beeinflussen, sondern auch, um die soziale Situation selbst zu verändern. Im vorangegangenen Fall berichtete der Organisator von der Schaffung einer neuen Situation und der Einbeziehung des einzelnen in diese Situation. Der Fall, von dem jetzt die Rede sein soll, präsentiert ein kompliziertes Bild, aber die grundlegende Taktik, die angewandt wird, ist vergleichbar mit der im Fall des George Sherry. Der Bericht über Honest John (den ehrlichen John) vermittelt ein klares Verständnis seiner sozialen Situation aus der Sicht der einheimischen Bevölkerung, der sozialen Situation, in der seine Kinder leben, und der gesamten sozialen Situation des Viertels. Das Verständnis der örtlichen Führer von den wechselseitigen Beziehungen zwischen diesen Situationen führte zu einer Vorgehensweise, die nicht nur Honest Johns eigene Position grundlegend beeinflußte sowie die Situation seiner Kinder betraf, sondern auch für das Wohlergehen des gesamten Viertels ein ernstes Problem darstellte:

In einem Viertel, in dem eine Bürger-Organisation aufgebaut worden war, war diese Organisation mit einer Reihe von ernsten Problemen konfrontiert, darunter eines, das seit vielen Jahren ein Dorn im Auge des Viertels gewesen war. In dieser Gegend gab es eine große Zahl von Spielhallen, die hauptsächlich von Leuten von außerhalb betrieben wurden. Nicht das Glücksspiel selbst beunruhigte die Bürger-Organisation, wohl aber die Tatsache, daß viele der Jugendlichen im Viertel im Alter von 14 bis 19 Jahren diese Spielhöllen regelmäßig besuchten und dort ihr Geld ausgaben.

Jahrelang hatten Behörden und viele Gruppen versucht, mit diesem Problem fertig zu werden, und sie waren alle gescheitert. Ein Komitee gegen Kriminalität der Bürger-Organisation nahm sich der Sache an. Ein Mitarbeiter erstattete folgenden Bericht:

»Wir wußten, daß etwas mit unseren Kindern, die in diese Spielhöllen gingen, passieren mußte. Deshalb riefen wir zu einem besonderen Strategie-Treffen auf und schätzten die Situation ein. Wir wußten, das John Jones Besitzer all dieser Spielhöllen war, und deshalb nahmen wir uns John Jones etwas genauer vor. Wir besaßen die Informationen über ihn, die wir über jeden im Viertel haben. Schließlich leben wir hier und bekommen alle möglichen Informationen. Nicht solch ein Zeug, was aus Nachforschungen, wie man das nennt, herauskommt, aber was Mrs. Clancy Mrs. Smith am letzten Montag über die Wäscheleine zurief, was Jones' bester Freund zu Pete sagte, dem Kellner in der Kneipe, als er schon einige intus hatte, was Jones' Frau ihrem Pfarrer erzählte und – na ja, der richtige Stoff! Wir haben all dies ausgewertet, und dann nahmen wir ihn ins Visier.

Falls wir versuchten, etwas gegen die Spielhöllen zu unternehmen, bedeutete dies, Honest John Jones anzugreifen. Nachdem wir Honest John kurz gemustert hatten, wie ich erzählt habe, stellten wir fest, was er vom Leben erwartete. Das ist der Knackpunkt. Wenn man weiß, was ein Kerl vom Leben erwartet, dann weiß man auch, wie man ihn im Griff hat. Dann kann man gute Arbeit leisten.

Nun, bei der kurzen Musterung des Lebens von Honest John schauten wir auf das, was viele Leute das Gesamtbild nennen. Honest John hatte zwei Kinder, ein Mädchen, 13 Jahre alt, und einen Jungen, bald elf. Diese beiden Kinder waren die Antwort. Wir wußten, daß sich Honest John um eines Sorgen machte: was mit seinen beiden Kindern geschehen würde, wenn sie in die weiterführende Schule kämen. Jeder weiß, Kinder in der weiterführenden Schule sind älter und gewiefter; sie wissen, was los ist, und sie fangen an, sich eine Vorstellung von dem zu machen, worum es im Leben geht. Nun, uns war bekannt, daß Honest John sich um eines sorgte: wenn seine Kinder in die weiterführende Schule kämen, würden sie erstmals in ihrem Leben andere Kinder zu ihnen sagen hören: 'Dein Vater ist ein Gangster', 'Dein Vater ist ein Geschäftemacher'. Honest John wollte aber eines ganz besonders sein, eine angesehene Person. Abgesehen davon hatte er reichlich Kohle gemacht und er hatte genug, um bequem damit für den Rest seines Lebens auszukommen. Aber was nützte ihm all die Kohle, wenn sich seine Kinder seiner schämen müßten? Er brauchte Ansehen, und wie er das brauchte.

Nun, da wir wußten, was Honest John wollte, waren wir an dem Punkt, wo wir etwas handeln konnten. Schließlich ist das Demokratie, oder? Geben und nehmen. So fingen wir an. Wir interessierten John für die Organisation. Er stellte sich ein bißchen stur an und ihm schien alles Kinderkram und Betbruder-Geschäfte zu sein, aber immerhin waren wir seine Nachbarn und nicht ein Haufen dahergelaufener Weltverbesserer, und so begann er, mit uns loszuziehen, und wir fingen dann an, ihn mit Ansehen zu füttern. Auf einmal saß er in Restaurants mit den Pfarrern des Viertels zusammen, mit Gewerkschaftsführern, wichtigen Geschäftsleuten, Priestern und all solchen Leuten, die angesehen waren. Und das gefiel ihm!

Ein paar Wochen vergingen, und dann spielten wir unseren Trumpf aus. In einem der exklusivsten Clubs der Stadt sollte ein großartiges, riesiges, wichtiges Essen geschmissen werden, und zwar für irgendeinen großen, berühmten Bonzen, der in die Stadt gekommen war. Unsere Organisation ist, wie man weiß, ganz schön groß und stark, so daß uns die großen Tiere in der Stadt eine Einladung schickten, mit ein paar Vertretern am Empfang teilzunehmen. Wie es weiterging, brauche ich wohl nicht zu sagen. Wir wählten Honest John als einen unserer Vertreter aus. Er ging zum Empfang und saß neben einem der berühmtesten Burschen im Land, einem persönlichen Freund des Präsidenten der Vereinigten Staaten. Ein Foto wurde geschossen, auf dem er inmitten all dieser Bonzen ist, und es hängt nun in seinem Büro. Nicht für Geld und gute Worte könnte man ihm dieses Foto abkaufen.

Am nächsten Tag machten wir Honest John zum Vorsitzenden des Komitees gegen Kriminalität. Herrje, Sie hätten das Gekreische der Heinis im Sozialamt hören sollen! Aber wir wußten, was wir taten. Im Komitee wurde natürlich das Thema behandelt, wie man die Jugendlichen aus den Spielhöllen heraushalten könnte, und Honest John sagte: 'Oh, laßt uns zum nächsten Punkt übergehen. Ich habe eine Idee, wie all das morgen geregelt wird.' Nun, am nächsten Tag war alles geregelt. In allen Spielhallen wurden Schilder wie dieses aufgehängt:

'Jede Flasche unter 21 zeigt seine Fresse hier lieber nicht, sonst wird sie ihm eingeschlagen.

Gez. Honest John.

P.S. Und ich kenn' das Alter von jedem von euch Schwächlingen.'

Und damit war die Sache geklärt. Damit war das Problem erledigt. Aber Honest John entlohnte uns weiter. Er war so um sein Ansehen besorgt, daß er nach und nach die Spielhallen schloß und Nachtlokale eröffnete, und heute ist er einer der besten Führer, die wir in der Organisation haben.« (...)

Für uns ist an dieser Stelle wichtig, daß dem Ich aller Individuen eines gemeinsam ist: die persönliche Einschätzung des Standortes, den sie im sozialen Gefüge einnehmen. Mit wenigen Ausnahmen glauben Menschen, daß sie Ansehen und Anerkennung in ihrem Viertel besitzen. Jugendträume – ein Filmstar, Spitzensportler, großer Politiker oder was auch immer zu sein – enden nicht mit der Jugendzeit; sie verlieren nur an Intensität. Diese

Träume drücken die innere Sehnsucht des Menschen aus, der nach einem Platz an der Sonne hungert, vorzugsweise einem guten Platz. Sie wünschen sich, von anderen bewundert zu werden oder daß andere zu ihnen aufsehen. In ihren inneren Phantasien sind sie sehr tapfere und großartige Menschen.

Das Verständnis der Persönlichkeitsmechanismen, die im einzelnen ablaufen im Hinblick auf seinen Status innerhalb der Gruppe, seine persönliche Einschätzung seiner Rolle und seine inneren Sehnsüchte, daß seine eigene Einschätzung seines Status eines Tages von seiner Gruppe übernommen wird, dieses Verständnis bietet wichtige Möglichkeiten, die beim Aufbau von Bürger-Organisationen genutzt werden können.

Diese Art des Verständnisses von Persönlichkeitsmechanismen war hilfreich bei der Überwindung eines schwierigen Problems in einem Viertel im Osten der USA, wo der Organisator erkannt hatte, daß keine echte Bürger-Organisation aufgebaut werden konnte, solange eine große Kirchengemeinde und eine sehr große Gewerkschaft nicht zusammengebracht werden konnten. Nur die Zusammenarbeit der beiden würde die Grundlage einer machtvollen Bürger-Bewegung schaffen, und beide waren so wichtig im Leben der Gegend, daß die Bewegung zum Scheitern verurteilt gewesen wäre, falls eine der beiden sich geweigert hätte, mitzumachen. Was die Situation noch verschlimmerte, war, daß der Priester der Gemeinde wiederholt und öffentlich die Gewerkschaft als kommunistisch attackierte, wobei sich seine Feindseligkeiten auf den Gewerkschaftsführer konzentrierten, den wir hier Mr. Red Rowe nennen wollen. Red Rowe war nach seinem eigenen Eingeständnis Kommunist, und er galt bei den Leuten in den Betrieben, die er organisiert hatte, als kämpferischer, ehrlicher Arbeiterführer. Red Rowe haßte den Priester der Gemeinde, und privat nannte er ihn »einen stinkenden faschistischen Reaktionär«, obwohl er es nicht als höflich ansah, zu den Angriffen des Priesters öffentlich Stellung zu nehmen. Hier der Bericht des Organisators über die angewandten Taktiken, um mit diesem Problem fertig zu werden:

Es war folgendermaßen: Die wichtigste Aufgabe, die erledigt werden mußte, um die Bürger-Organisation auf die Beine zu stellen, war, diese Kirchengemeinde und diese Gewerkschaft zusammenzubekommen. Die Kirchengemeinde und die Gewerkschaft waren die beiden mächtigsten Organisationen im Viertel. Ich bat Red Rowe, zur ersten Versammlung zu kommen, an der einige der örtlichen Führer teilnehmen sollten, und ich lud auch diesen Priester ein. Keiner der beiden wußte, daß der andere kommen würde. Ich holte den Priester von der Kirche ab und nahm ihn zur Versammlung mit. Als wir durch die Tür zum Versammlungsraum kamen, sah der Priester Red Rowe in der ersten Reihe sitzen. Er drehte sich zu mir um und zischte: »Red Rowe, dieser Kommunist ist da. Keine Macht der Welt kann mich dazu bringen, im gleichen Raum mit diesem Atheisten Red zu sitzen!« Er ging raus. Ich folgte ihm und flehte ihn an, trotzdem in den Saal zu kommen. Doch er weigerte sich unerbittlich. Schließlich machte ich einen letzten Versuch. Ich sagte: »Lieber Priester, ich bin überrascht, daß Sie Angst vor ihm haben.« Der Priester wandte sich um und brüllte: »Was soll das heißen? Ich habe vor niemandem Angst.« Ich erwiderte: »Alles, was ich weiß, ist, daß Red Rowe immer noch da sitzt und Sie weglaufen.« Der Priester schrie vor Wut: »Ich dachte, ich täte Ihnen einen Gefallen. Sie sagten, Sie wollten die Menschen zusammenbringen, damit sie Freunde würden. Wissen Sie, was ich jetzt mache? Ich gehe in diese Versammlung, und ich werde Red Rowe als Kommunisten anprangern, und das dürfte sich kaum mit Ihren Plänen vertragen. Aber das wollten Sie ja!«

Mit diesen Worten rannte der Priester in den Versammlungsraum. Mir wurde klar, daß ich zwischen zwei Stühlen saß. Wäre der Priester gegangen, würde seine Kirchengemeinde nicht der Organisation beitreten, und das hätte bedeutet, daß wir nie eine echte Bürger-Organisation aufbauen könnten. Falls er andererseits in der Versammlung aufstände und Red Rowe denunzierte, dann würde Red gehen und mit ihm seine Gewerkschaft. So oder so könnte eine Bürger-Organisation nicht aufgebaut werden. Das einzige, was bislang erreicht worden war, war, daß der Priester sich im Versammlungsraum befand, und es blieb noch Zeit, obwohl es eine Frage von Minuten war, die Krise zu bewältigen. Ich entschied mich, das Problem auf der Grundlage des »Ich« anzugehen. Der Grund für diesen Entschluß war, daß die Ich-Taktik bereits erfolgreich gewesen war, und zwar, als der Priester sich geweigert hatte, zuzugeben, daß er Angst vor Red Rowe hatte, und aus dem Saal gestürmt war. Schließlich gestehen nur wenige Menschen offen ein, daß sie vor etwas Angst haben.

Red Rowe hatte gerade seine Rede vor der Versammlung beendet, in der er erklärt hatte, die Gewerkschaft wolle beim Aufbau einer Bürger-Organisation voll zusammenarbeiten. Nun sollte der Priester sprechen. Ich ging ans Mikrophon und hob hervor, es sei mir eine Ehre, den Priester vorzustellen. Wenn ich mich recht entsinne, hielt ich folgende Ansprache: »Seitdem ich in dieses Viertel gekommen bin, haben Sie mich genau beobachtet. Ich glaube, die meisten von Ihnen sind recht zufrieden, daß ich keine eigennützigen Ziele verfolge, doch denken Sie nicht, daß ich völlig selbstlos bin. Ich bin egoistisch genug, um auf der Ehre und dem Privileg zu bestehen, den nächsten Redner vorzustellen. Der nächste Redner ist ein Mann, der in seiner ganzen Herrlichkeit gleich hinter Gott kommt. Wäre er überzeugt, es sei im besten Interesse seiner Gemeinde, Hand in Hand mit dem Teufel zu gehen, ganz gleich, welche Farbe der Teufel hätte, würde er dies tun. Das Wohlergehen seiner Gemeinde ist für ihn weitaus wichtiger als jede seiner persönlichen Meinungen oder Gefühle. Hiermit darf ich Ihnen unseren geliebten Priester ankündigen.«

Der Priester stand auf, sah sich verwirrt um, und dann ging er zu Red Rowe rüber und schüttelte ihm die Hand. Danach hielt er eine Rede, in der er die Zuammenarbeit seiner Gemeinde zusicherte.

Ich wußte allerdings, daß die Folgen dieses Manövers nicht sehr nachhaltig sein würden. Am nächsten Morgen besuchte ich den Priester in seinem Pfarrhaus, und meine Befürchtungen bestätigten sich voll und ganz. Er begrüßte mich mit finsterer Miene und knurrte dann sofort los: »Ich weiß nicht, was gestern in mich gefahren ist, aber jetzt, wo Sie hier sind, bin ich froh, weil ich Ihnen eines erzählen muß, daß ... dieser ... widerwärtige Red Rowe, dieser korrupte Kommunist ...« Ich unterbrach ihn: »Ja, deswegen bin ich ja hier. Sie wissen, daß bei unserer nächsten Versammlung bestimmte Probleme diskutiert werden sollen, und Red Rowe will wissen, welche Meinung Sie zu einem dieser Probleme haben.«

Der Priester murmelte vor sich hin: »Warum das ... warum sollte dieser dreckige Kommunist wissen wollen, was ich denke?« Ich entgegnete: »Ich weiß, wie Ihnen zumute ist, aber sehen Sie mal, Red Rowe schätzt Sie als Hirten Ihrer Gemeinde.«

Der Priester war verwirrt und sah ein bißchen blöd aus, als er sagte: »Sie können Mr. Rowe mitteilen, daß ich der Meinung bin ...«

Anschließend ging ich rüber in das Gewerkschaftsbüro von Red Rowe. Nach einigen vorangegangenen Bemerkungen erzählte ich Red, ich wolle wissen, welche Meinung er zu einem Problem habe, das demnächst anstehen würde, weil es den Priester interessiere, dies zu erfahren. Red Rowe sprang von seinem Stuhl auf: »Warum, dieser dreckige faschistische Reaktionär, dieser Verfütterer von religiösem Opium an die Massen, was zum Teufel sollte den interessieren, welche Meinung ich habe?« Ich sagte: »Nun, ich weiß, was Sie vom Priester halten, Red, aber er glaubt, Sie seien das Salz der Erde.« Red schaute plötzlich sehr beunruhigt aus. Dann meinte er: »Natürlich machen wir alle Fehler, und einige glauben alles, was sie hören, und ich bin sicher, daß vieles Falsche über diesen Priester gesagt worden ist. Sagen Sie ihm, daß ich der Ansicht bin ...«

Innerhalb von vier Wochen nach dieser Episode hatte dieser Gewerkschaftsführer dem Programm der Kirchengemeinde die uneingeschränkte Unterstützung seiner Organisation zuteil werden lassen, und der Priester leitete eine Organisationskampagne der Gewerkschaft. Heute schmunzeln sie und lachen über ihre frühere Einstellung. Nachdem sie begonnen hatten, zusammenzuarbeiten, und anfingen, sich kennenzulernen, änderte sich nicht nur ihre Verhaltensweise, sondern auch ihre Beweggründe. Heute ist dieser Priester einer der forschesten, informiertesten, uneigennützigsten Freunde der Gewerkschaften, und Red Rowes Meinung über Kirchen hat sich grundlegend geändert. (...)

Die Beachtung und das Verständnis der unerhörten Bedeutung der persönlichen Identifikation ist unentbehrlich beim Aufbau von Bürger-Organisationen. Persönliche Identifikation ist der springende Punkt und das Herz der Bürger-Organisation (...). Das

Prinzip der persönlichen Identifikation verschafft dem Organisator, sofern er es bewußt und überlegt anwendet, einen äußerst wichtigen Rahmen, in dem er eine unbegrenzte Vielfalt von Taktiken entwerfen und planen kann. (...)

Der Organisator sollte immer bedenken, daß die persönliche Identifikation sich in vielen indirekten Formen ausdrückt. Daran muß er vor allem denken, wenn er erstmals vor einer neuen Gruppe spricht, ganz gleich, um welche Organisation es sich auch handeln mag. Regelmäßig wird er feststellen, daß es nach seiner Vorstellung der Ziele der Bürger-Organisation und dem Vorbringen aller ihm zur Verfügung stehenden Argumente, um diese neue Gruppe für den Beitritt zu interessieren, immer eine bestimmte Zahl von lauten, heftigen Einwänden gibt sowohl gegen die geplante Bürger-Organisation als auch gegen die Argumente, die der Organisator vorgebracht hat. Der Organisator, der die Bedeutung der persönlichen Identifikation vergißt, wird versuchen, allen Einwänden mit Mitteln der Logik und Vernunft zu begegnen. Von wenigen Ausnahmen abgesehen, ist dies ein hoffnungsloses Unterfangen. Der Grund, warum dies sinnlos ist und der Organisator es nicht schafft, mit dieser Opposition fertig zu werden, liegt darin, daß er nicht das System der Beziehungen und persönlichen Identifikationen, das es in allen Gruppen gibt, in Betracht zieht.

Wann immer ein Organisator vom Vorstand eingeladen wird, sollte er nie außer acht lassen, daß es in allen Gruppen Cliquen gibt; unter den Zuhörern sitzt eine Person, die bei den Vorstandswahlen dem augenblicklichen Amtsinhaber unterlegen war. Das gilt für alle, die ein Amt innehaben. Es gehört zur besten amerikanischen Tradition, daß ein unterlegener Kandidat dem Sieger seine volle Unterstützung zusagt, aber zu den unbestrittenen menschlichen Traditionen gehört auch, daß beim Verlierer eine gewisse Bitterkeit und Enttäuschung nach seiner Niederlage zurückbleibt, die er indirekt zum Ausdruck bringen wird, wenn sich eine Möglichkeit dazu bietet.

Der Organisator hält sich selbst für einen Gastredner, aber für den geschlagenen Kandidaten spielt er eine ganz andere Rolle. Er ist von den augenblicklichen Amtsinhabern eingeladen worden und wird mit ihnen identifiziert; deshalb bietet er ein ideales Angriffsziel für die andere Fraktion. Wenn sie die Position des Organisators angreift, attackiert sie in Wirklichkeit den Vorstand, der mit seiner Einladung zumindest teilweise zu verstehen gegeben hat, daß er dem Organisator zustimmt. Zur gleichen Zeit hält die Opposition die amerikanische Tradition des guten Verlierers aufrecht, da ihr Angriff nicht auf den Vorstand selbst zielt.

Dem Organisator, der sich bewußt ist, daß er mit dem Regime identifiziert wird, bleiben zwei Möglichkeiten. Entweder wird er in seiner Eingangserklärung sich selbst von denen abgrenzen, die ihn eingeladen haben, oder er wird keinen Versuch unternehmen, auf die Angriffe der Opposition einzugehen, sondern warten, bis der offizielle Teil der Versammlung vorüber ist, um dann ein persönliches Verhältnis zur Opposition aufzubauen und ihr zu verstehen zu geben, daß sie genauso wichtig wie der Vorstand des Verbandes ist. Er wird sie überzeugen, daß er nicht an irgendeine Clique gebunden ist, auch nicht an den augenblicklichen Vorstand.

Die zweite Möglichkeit sollte der ersten vorgezogen werden, weil die öffentliche Abgrenzung von denen, die einen eingeladen haben, eine delikate Angelegenheit ist und mit außerordentlich viel Fingerspitzengefühl gehandhabt werden muß. Der kleinste Schnitzer und schon kann sich der Organisator in der Position dessen wiederfinden, der sich so erfolgreich vom Vorstand, der ihn eingeladen hat, abgrenzt, daß er sogar seine Unterstützung verliert. Falls sich diese Situation entwickelt, wird der Organisator in einer unmöglichen Position sein. Das Bedenkliche solcher Umstände kann man nicht überschätzen, denn auch die Opposition haßt einen Verräter, und vom Vorstand eingeladen zu werden und dann offen jede Beziehung zu ihm zu leugnen bedeutet, eine Handlung zu begehen, die von beiden Seiten nie verziehen wird. (...)

Eine ganz andere Art von Taktik, ebenfalls von großer Bedeutung, wurde in vielen Teilen des Landes angewendet, wo Bürger-Organisationen im Entstehen waren: die Programm-Abstimmung. Sie besteht aus einem Fragebogen, auf dem oben ein Satz steht: »Falls es nach mir ginge, würde ich folgendes unternehmen, um meine Stadt zum glücklichsten, gesündesten, schönsten und wohlhabendsten Ort der Welt zu machen.« Diesem Satz folgen etwa 15 leere Zeilen, und unten auf dem Blatt ist Platz für Name und Anschrift.

In den Stadtvierteln, in denen die Fragebögen benutzt wurden, verteilte man sie auf jede nur erdenkliche Art. Sie wurden an jedes lokale Blättchen angeheftet, in den Kirchengemeinden verteilt, in den Gewerkschaften und allen anderen Verbänden und Gruppen. Sie wurden vor Kinos verteilt, bei Versammlungen und von Haus zu Haus. Sie stellten am Anfang einen ersten Schritt dar, um die Zielvorstellungen von der Bevölkerung selbst zu erfahren. Die unerhörte Bedeutung dieser Vorgehensweise war nicht im eigentlichen Zweck zu sehen, sondern in ihrer Funktion als organisatorische Richtschnur und als organisatorisches Mittel.

Ihr Wert als Richtschnur wurde in diesen Vierteln plastisch deutlich. Nur ein kleiner Teil der Fragebögen wurde beantwortet; aufgeführt wurden die üblichen Bedürfnisse des Viertels, und zwar ganz sachlich. Die Fragebögen enthielten kurz meist oberflächliche Probleme, etwa, die Straßen sollten sauberer werden, der Sportplatz erweitert, damit man im Winter Schlittschuh laufen könnte, die Heizung in den Umkleideräumen repariert und andere Sachen, die gewöhnlich in der Lokalpresse und in Predigten erörtert werden. Alles in allem schien es, als seien dies Probleme, die sich alle, einschließlich jeder Außenstehende, ausdenken könnte, um ein Bürger-Programm darzulegen.

Der gleiche Fragebogen wurde ein Jahr später noch einmal verteilt. Diesmal unterschied sich die Reaktion im Vergleich zum erstenmal wie der Tag von der Nacht. Ein viel höherer Prozentsatz von Fragebögen kam zurück. Statt der üblichen kurzen, sachlichen Stellungnahmen waren beide Seiten des Fragebogens voll geschrieben, und in einigen Fällen hatten einzelne noch zwei oder drei zusätzliche Blätter angeheftet. Die beschriebenen Beobachtungen waren emotional und wurden mit Nachdruck vertreten, und sofortige Abhilfe wurde verlangt. Die geschilderten Probleme waren tiefgreifend und grundlegend.

Der Unterschied war so gravierend, daß viele Führer im Viertel glaubten, daß diese Fragebögen den Beweis für einen anderen

Punkt erbrachten: Die örtliche Bevölkerung war in Apathie und Teilnahmslosigkeit für solch eine lange Zeit versunken gewesen, daß sie vergessen hatte, ihren Mund aufzumachen. Sie war sprachlos und fast roboterhaft in ihren Reaktionen geworden. Durch die Organisationsarbeit eines Jahres hatte sie ihre Sprache wiedergefunden und begann, selbst nachzudenken, mit der Folge, daß sich sowohl das Temperament als auch das Ziel ihrer Angriffe geändert hatte. Diese Programm-Abstimmung ist zu einem der wichtigsten Maßstäbe für die Teilnahme der breiten Masse geworden, die diesen Organisatoren bekannt ist.

Wie bereits erwähnt, wurde die Programm-Abstimmung als organisatorisches Mittel benutzt. 1. Sie machte viele Leute darauf aufmerksam, daß eine Bürger-Organisation im Entstehen war. 2. Sie machte den Leuten unter günstigen Voraussetzungen bewußt, daß dies eine der seltenen Gelegenheiten ist, bei der sie selbst einen Beitrag bei der Formulierung des Programms einer Organisation leisten könnten. 3. Diejenigen, die genügend Interesse zeigten und ihren Namen und ihre Anschrift angaben, konnten vom Organisator festgestellt werden, so daß sie persönlich angesprochen und zum Beitritt in die Organisation gebracht werden konnten. 4. Sie gaben der Organisation im ersten Jahr einen ausreichenden Schutz gegen unterschiedliche oppositionelle Gruppen, die sie mit Beschuldigungen attackierten wie: »Diese Organisation behauptet, daß ihr Programm das beinhaltet, was wir alle wollen. Das ist nicht wahr. Wer hatte denn die Möglichkeit, sich hinzusetzen und dieses Programm auszuarbeiten?« Die Organisation konnte dieser Beschuldigung erfolgreich entgegensetzen: »Dieses erste Programm ist das Ergebnis einer Umfrage, die im Viertel durchgeführt worden ist. Es beinhaltet alles aus diesen Fragebögen. Jeder hatte die Chance, das zu sagen, was seiner Meinung nach ins Programm gehört, und sollten Sie das nicht getan haben, dann deshalb, weil Sie sich nicht darum gekümmert haben oder Wichtigeres zu tun hatten, als Ihren Beitrag zum Programm zu leisten. Aber Sie hatten die Möglichkeit dazu.«

Die Vorgehensweisen und Taktiken, die in diesem Kapitel beschrieben worden sind, sind einzig und allein beim Aufbau einer Bürger-Organisation angewendet worden. Nur in einem begrenzten Ausmaß können sie von denen genutzt werden, deren Hauptinteresse die Manipulation entweder um der Manipulation selbst willen oder zur Durchsetzung undemokratischer Ziele ist. Der Gebrauch dieser Taktiken für schlechte oder eigennützige Absichten verfehlt im Grunde ihren eigentlichen Zweck. Alle bisher beschriebenen Taktiken sind letztlich bedeutungsloses Zierwerk, wenn sie nicht auf etwas Grundsätzlichem beruhen. Und diese grundsätzliche Taktik ist der feste Glaube des Organisators an die Menschen und die völlige Hingabe an diesen Glauben.

Die Menschen wissen, mit wem sie es zu tun haben, und etwas anderes zu denken heißt, die Menschen für dumm zu halten. Sie kennen die echten Absichten und Überzeugungen der anderen. Sie wissen, daß der Glaube des Organisators an die Menschen der Kiel seiner Überzeugungen ist. Sein Kiel muß so tief und so stark sein, daß unabhängig von seinen unterschiedlichen Richtungen sein Kurs und seine Ziele deutlich sind. Eigennützige, schlechte, armselige Menschen besitzen keinen Kiel von Überzeugungen und sind deshalb unfähig, den eingeschlagenen Kurs zu segeln. Für diese Art von Leuten dient Manövrieren keinem anderen Zweck als persönlicher Selbstbefriedigung. Sie können nicht gegen den Wind steuern, weil sie keinen Kiel haben. Sie sind den Kräften der Natur erbarmungslos ausgeliefert, und nichts ist erbarmungsloser als ein mit Füßen getretenes Volk, das gegen seine Ausbeuter zurückschlägt.

Diejenigen, die eine Bürger-Organisation aufbauen, können hin und her manövrieren und viele der in diesem Kapitel erörterten Taktiken anwenden, und viele Menschen werden später die Anwendung dieser Taktiken kennen, aber in der Anfangszeit werden die Menschen nicht ihren Glauben und ihr Vertrauen in den Organisator verlieren, weil sie wissen, daß er dies und jenes tut aufgrund seines Glaubens an sie, das Volk selbst. Ihr gemeinsames Ziel ist so gut und so klar, daß es nicht wichtig ist, wenn einer gelegentlich bei seinem Kampf für eine Welt der Menschen auf krummen Wegen und durch Schatten geht.

Volksbildung

Im Grunde ist das Ziel, das jede demokratische Bewegung anstreben muß, das Endziel der Demokratie schlechthin: Volksbildung. (...) Der eigentliche Zweck und Charakter einer Bürger-Organisation ist erzieherischer Natur. Das Zusammenbringen unterschiedlichster Bevölkerungsgruppen führt zum Erwerb von Wissen und einer sich daraus ergebenden Einstellungsveränderung bei allen Beteiligten. Geschäftsleute, Gewerkschaftsführer, Kirchenvorstände, Vorsitzende von Nationalitäten-, Minderheiten- und Sportvereinigungen lernen sich gegenseitig kennen. Durch den ständigen Meinungs- und Erfahrungsaustausch kommt es nicht zu einem sogenannten »besseren Verständnis« füreinander, sondern einfach zur Verständigung. Diese gegenseitige Verständigung wird begleitet durch eine neue Einschätzung und Erklärung sozialer Probleme. (...)

Eine der häufigsten Erfahrungen im Anfangsstadium einer Bürger-Organisation ist, daß die Führer der unterschiedlichsten Gruppen etwa so reagieren: »Freddy, ich hatte ja keine Ahnung, daß ihr dazu so steht. Natürlich wußte ich nie, wie ihr die Sache seht, und sicherlich spricht auch einiges dafür, wie ihr das einschätzt.« Dieser Erziehungsprozeß stellt eine der Grundvoraussetzungen einer Bürger-Organisation dar.

Die Organisation ist überzeugt, wenn sich Menschen gegenseitig als menschliche Wesen kennenlernen statt als Symbole oder statistische Größen, wird dies zwangsläufig zu einem menschlichen Verständnis führen, das ein glänzendes Zusammentreffen menschlicher Einstellungen mit sich bringt. Es scheint, dieser Punkt ist so offenkundig, daß es unnötig ist, ihn weiter auszuführen, und trotzdem – wie bei vielen grundsätzlichen Lehren – liegt es auf der Hand, daß wir, während wir darüber sprechen, seine Bedeutung für praktische Zwecke übersehen. Das Lesen der Morgenzeitung als Teil der Frühstücksroutine veranschaulicht dies. Auf der Titelseite steht ein ausführlicher Bericht über den drohenden Hungertod von Millionen von Menschen in Indien. Wir blättern weiter, und plötzlich richtet sich unsere ganze Aufmerksamkeit auf eine kleine Meldung auf Seite 19, der wir entnehmen, daß einer unserer Freunde bei einem Autounfall schwer verletzt worden ist. Das schlägt ein wie eine Bombe, und auf einmal schmeckt uns das Frühstück nicht mehr. Wir reagieren erschüttert und betroffen. Hier ist ein einzelner bei einem Unfall verletzt worden, was unser ganzes menschliches Mitgefühl erweckt. Aber zu den Millionen von Indern haben wir kein Verhältnis; sie bedeuten uns nichts. Die Millionen von Indern sind für uns eine statistische Größe, aber dieser eine von unseren Freunden ist kein Symbol oder eine Zahl, sondern ein lebendiges menschliches Wesen, das wir persönlich kennen. Wir wissen, unser Freund leidet unter Schmerzen wie wir; daß wir ihn als Mensch kennen, und das ist das Wesentliche, ermöglicht eine starke Anteilnahme, eine Identifizierung. Das ist ein menschliches Verhältnis.

Es ist klar, daß in einem Viertel nicht jeder jeden auf einer persönlichen, menschlichen Basis kennenlernen kann, aber es ist möglich, daß sich Hunderte der kleinen örtlichen Führer gegenseitig menschlich begegnen. Diese kleinen örtlichen Führer mögen Betriebsräte sein. Sie mögen im Elternbeirat einer Schule aktiv sein. Sie mögen dem Kirchenvorstand angehören. Sie mögen eine Abteilung in einem Sportverein leiten. Sie mögen Polizisten oder kleine Geschäftsleute sein. Es sind die Little Joes, von denen bereits die Rede war. Es sind die Little Joes mit einer Anhängerschaft von etwa dreißig bis vierzig Leuten. Ihre Einstellungen prägen und bestimmen entscheidend die Einstellungen ihrer Anhängerschaft. (...)

Diese Little Joes werden gewöhnlich völlig ignoriert (...). Aber diese Little Joes sind die natürlichen Führer des Volkes, die größten Halme aus den Graswurzeln der Demokratie der Vereinigten Staaten. Diese Little Joes verfügen nicht nur über die aussichtsreichsten Kanäle für Volksbildung, sondern in gewisser Hinsicht über die einzigen Kanäle. Wenn sich die Little Joes gegenseitig als menschliche Wesen kennenlernen, werden Vorurteile beseitigt und menschliche Einstellungen in diesem neuen Verhältnis entwickelt. Diese Veränderungen spiegeln sich unter ihrer Anhängerschaft wider, so daß die Verständigung oder die Volksbildung langsam die Einstellungen Tausender Menschen beeinflußt.

Die Hauptaufgabe in der Volksbildung, die sich jeder Bürger-Organisation stellt, ist die Schaffung von Voraussetzungen, die einen Lernprozeß ermöglichen. Wenn wir uns Bildung als PS-starken Wagen vorstellen, liegt es auf der Hand, daß wir ihn nur fahren können, wenn wir Straßen haben. Ungeachtet der Qualität des Autos und unserer Fähigkeit als Fahrer bleibt die Tatsache bestehen, daß uns der Wagen wenig nützt, solange wir keine Straßen haben, die wir benutzen können. Genauso verhält es sich mit Bildungsmöglichkeiten. Jemand mag die besten Lehrer haben, die besten Bibliotheken, die schönsten Schulen, aber solange die Menschen nicht das Bedürfnis haben, sie zu nutzen, werden all die Lehrer, Schulen und Bibliotheken nichts zur Bildung beitragen.

Eine Bürger-Organisation sucht ständig nach Methoden und Ansätzen, mit denen im Viertel eine lern- und bildungsfreundliche Atmosphäre geschaffen werden kann. In den meisten Fällen wird die eigentliche Vorgehensweise bei der Förderung der Volksbildung nicht in unabhängigen Programmen, sondern einfach in einer Phase eines jedes einzelnen Projekts, das die Bürger-Organisation in Angriff nimmt, bestehen. (...)

Ein Viertel ist kein Klassenzimmer, und seine Bewohner sind keine Schüler, die Klassenzimmer betreten, um sich zu bilden. Die Bürger-Organisation muß Bedingungen und ein Klima schaffen, in dem die Leute etwas lernen wollen, weil das Lernen für sie lebenswichtig ist. (...)

Ein sehr verbreitetes Problem, mit dem sich Bürger-Organisationen beschäftigen müssen, ist nicht allein die Beschaffung von Informationen, sondern ihre Vermittlung in einer Weise, die nicht die Würde und Selbstachtung eines jeden Menschen verletzt. Die Menschen helfen sich lieber selbst, als sich von anderen helfen zu lassen (...). Der folgende Bericht eines Organisators, der in einer relativ großen Bürger-Organisation auf dem Gebiet der Volksbildung arbeitet, veranschaulicht diesen Punkt:

Unsere Leute leben in Baracken und Löchern. Eines unserer größten Probleme sind Wohnungen: vernünftige, gute, menschenwürdige Unterkünfte. Einige unserer Familien leben in Hütten, die nur aus einem einzigen Raum bestehen. Nehmen wir die Familie Jones. Sie haben neun Kinder, und alle Kinder schlafen mit ihren Eltern in einem Raum, weil ihr Haus nur einen Raum hat. Einer der wichtigsten Punkte in unserem Programm ist, fließendes Wasser zu bekommen. Nicht heißes und kaltes Wasser, sondern nur einfaches fließendes kaltes Wasser. Dann haben wir ein weiteres Ziel in unserem Langzeitprogramm, wie wir es nennen. Das Ziel heißt: eine Innentoilette. Einige Leute glauben, sie müßten darauf bis zu den Jahrtausendfeiern warten. Sie sehen also, es ist nicht übertrieben, wenn wir sagen, daß eines unserer größten Probleme die Unterkünfte sind.

Nun, viele von uns haben sich mit dem staatlichen Sozialwohnungsprogramm beschäftigt. Ich interessiere mich schon lange dafür, und obwohl ich kein Experte bin, kenne ich doch viele der Maßnahmen. Wir führten nun eine große Massenveranstaltung durch, und ein besonderes Komitee wurde gebildet, das sich mit dem Wohnungsproblem auseinandersetzen sollte. Ich gehörte diesem Komitee an. Wir waren ungefähr 16 Leute. Alle Komitee-Mitglieder hatten jede Menge Fragen zu gesetzlichen Bestimmungen und Anforderungen an Baumaßnahmen, und ich hätte ohne Schwierigkeiten viele Fragen beantworten können, aber ich wußte, daß ihnen die Antworten nicht gefallen würden, falls ich sie ihnen gab. Zu der Zeit waren die meisten Leute gute Freunde von mir und wären für mich durch dick und dünn gegangen, aber sie wären darüber sauer gewesen, daß ich alles und sie nichts wußten. Oftmals wird dir jemand nicht zustimmen, nicht weil er gegen das ist, was du sagst, sondern dagegen ist, daß du es sagst und wie du es sagst.

Folgendes passierte: Wir gingen alle in die öffentliche Bücherei und besorgten uns die Titel der einschlägigen Schriften. Dann schrieb jeder von uns ans Ministerium und bekam ein Exemplar der gleichen Broschüre. Darauf setzten wir uns zusammen und wir versuchten, die Antworten auf unsere Fragen in der Broschüre zu finden. Man darf nicht vergessen, wir lasen alle in unserem eigenen Exemplar der gleichen Broschüre. Ich würde die Antwort, sagen wir mal, auf Seite 22 finden und dann sagen: »He, Leute, seht euch dies hier auf Seite 22 an.« Ich würde die ersten drei oder vier Wörter vorlesen. »Vielleicht steht hier das Zeug, was wir suchen ...« Sofort würde eines der anderen Komitee-Mitglieder sagen: »Genau, schaut euch Seite 22 an!« Und dann finge irgend jemand an, es vorzulesen, wobei er immer wieder von anderen unterbrochen würde. Durch dieses Wechselspiel, daß einer ein bißchen vorliest und die Aufmerksamkeit seiner Kollegen auf eine Zeile oder einen Satz oder ein Wort lenkt, verstehen alle die Antwort auf die Frage, und alle haben das Gefühl, daß sie die Antwort selbst gefunden haben.

Nach einer bestimmten Zeit brauchte ich so etwas nicht mehr zu machen. Sehen Sie, die Leute verhalten sich wie alle anderen. Das Wichtigste, was wir an der Universität gelernt haben, ist, wo die Informationen zu finden sind. Danach waren wir auf uns allein gestellt, da hinzugehen und zu lernen. So läuft das auch in der Bürger-Organisation. Sobald unsere Leute wissen, wo und wie sie an die Informationen rankommen, werden sie es selbst machen, und das ein für allemal. (...)

Diejenigen, die sich dem Aufbau von Bürger-Organisationen verschrieben haben, sind mehr und mehr überzeugt, daß einer der wichtigsten Ansätze in der Volksbildung die Rationalisierung ist, die nachträgliche Rechtfertigung unbewußten Verhaltens, und nicht Argumente, Vorträge, Logik oder irgendeine der anderen üblichen Praktiken. Diese Organisatoren glauben aufgrund ihrer Erfahrungen sowohl mit Bürger-Organisationen als auch in ihrem Alltagsleben, daß die meisten Menschen in sehr verschiedenen Fällen zuerst handeln und anschließend überlegen, warum sie so gehandelt haben. Es scheint, als ob ein großer Teil unseres Wissens und was wir unsere eigene Lebensweisheit und unsere eigenen Einstellungen nennen, keine Dinge sind, die wir sorgfältig und mühsam durchdacht haben, sondern Rationalisierungen oder

Selbstrechtfertigungen für Handlungen, die wir bereits begangen haben.

Für viele Organisatoren ist die Vorstellung, daß das meiste Lernen durch Rationalisierungen geschieht, zu einer Grundvoraussetzung für Bildungsprogramme in der Bürger-Organisation geworden. Der entsprechende Slogan lautet: »Bringt sie dahin, in die richtige Richtung zu gehen. Sie werden sich nachher selbst erklären, warum sie diese Richtung eingeschlagen haben, und diese Erklärung ist für sie ein besseres Wissen als alles, was wir vermitteln können.« Ein deutliches Beispiel dieser Form von Volksbildung durch Rationalisierung passierte in einer Stadt nahe der Mason-Dixon-Eisenbahnlinie, wo im Rahmen einer Organisationskampagne die Gewerkschaftsbewegung zu einer großen Massenversammlung zusammenkommen wollte. Der Organisator hatte bereits erreicht, sich der Unterstützung der drei wichtigsten Teile der Gewerkschaftsbewegung zu versichern: der American Federation of Labor (AFL), des Congress of Industrial Organisations (CIO) und der Railroad Brotherhood.

Während des Treffens, das der Organisator mit den Führern dieser Gewerkschaften abhielt, rückte plötzlich das Rassenproblem in den Vordergrund und wurde zum wichtigsten Thema. Es fing damit an, daß einer der Führer der Railroad Brotherhood bei der Vorbereitung der Massenversammlung nebenbei bemerkte: »Und die Nigger werden im Nigger-Reich sitzen.«

Der Organisator protestierte schärfstens gegen das Prinzip der Rassentrennung und wurde von den Vertretern der AFL wie auch der Railroad Brotherhood darüber informiert, daß in dieser Stadt Rassentrennung herrsche, und soweit es sie angehe, sei das so richtig. »Ein Nigger ist schließlich ein Nigger.« Die Gewerkschaftsführer fuhren fort davon zu sprechen, wie »sogar in unseren Gewerkschaften die Nigger ihren Platz haben, und sie werden ihn behalten«. Der Organisator berichtet über die angewandten Taktiken, um sowohl das Problem zu lösen als auch den Lernprozeß einzuleiten:

Ich wandte mich an den CIO-Führer und sagte: »Nun, was meinst du dazu?« Der CIO-Führer redete um den heißen Brei, daß Rassentrennung nicht die Politik der CIO sei, aber schließlich seien wir hier in einer Stadt tief im Süden und wir müßten die örtlichen Traditionen respektieren; allerhand Zeugs von dieser Art. Ich erkannte, daß ich mit einer Einheitsfront aller drei Gewerkschaften konfrontiert war. Die erste Taktik mußte ein Manöver sein, die Front dieser drei Gewerkschaften zu spalten. Mit dieser Absicht sprach ich den CIO-Führer an: »Nun, soviel ich weiß, steht in euren Statuten irgend etwas von 'ungeachtet von Rasse, Hautfarbe und Abstammung'. Stimmt das?« Der CIO-Führer fing an: »Ja, aber hier im tiefen Süden ...« Ich unterbrach ihn: »Davon brauchst du mir nichts zu erzählen; schließlich haben wir hier keine Geheimnisse voreinander, und wir machen nichts, was wir unter den Teppich kehren müßten. Solange wir nichts machen, wofür wir uns schämen müßten, sollten wir öffentlich unsere Politik verkünden. Draußen warten drei Journalisten, einer vom 'Herald', einer vom 'Bugle' und einer von der 'Press'. Ich werde sie reinrufen, und ihr könnt ihnen alles sagen.«

Der CIO-Führer bekam einen roten Kopf und murmelte: »Du brauchst die Journalisten nicht reinzurufen. Die CIO hat sich immer gegen die Rassentrennung ausgesprochen, und dabei bleibt's.« Die Spaltung war gelungen.

Ich machte weiter und wandte mich an die AFL-Führer: »Die AFL ist eine unabhängige Organisation, und ihre Politik wird einzig und allein von ihr selbst bestimmt. Sie ist selbständig, und was auch immer die CIO will, das ist keine Sache der AFL. Ist das richtig?«

Der AFL-Führer stand auf und sagte streitsüchtig: »Das ist richtig! Wenn die CIO Neger wie Weiße behandeln will, dann ist das ihre Sache, aber verdammt noch mal, was immer die CIO entscheidet, das geht uns einen Dreck an.«

Ich wiederholte die gleiche Erklärung gegenüber der Railroad Brotherhood, und sie reagierten genau wie die AFL.

Nach den Meinungsäußerungen von allen drei Gewerkschaften spielte ich meinen Trumpf aus. Ich sagte: »Nun, wir stimmen darin überein, daß jede Gewerkschaft nur für die eigenen Angelegenheiten zuständig ist. Da die CIO sagt, daß sie gegen die Rassentrennung ist, und da die AFL und die Railroad Brotherhood sagen, daß sie für die Rassentrennung sind, und da wir in einer Demokratie leben, können wir nur eins tun: Wir werden den Saal in zwei Hälften teilen. Die CIO wird auf der einen Seite mit Weißen und Schwarzen sitzen, auf der anderen Seite die Weißen der AFL und der Railroad Brotherhood, die damit die Rassentrennung bekommen, die sie wollen.«

Einen Augenblick war es ganz ruhig. Die Führer der AFL und der Railroad Brotherhood wechselten unruhige Blicke. Aus ihren Augen konnte man ablesen: »Was für ein Zeitungsfoto das geben würde! Schwarze und weiße Gesichter auf der CIO-Seite im Saal und ein geschlossener Block von weißen Gesichtern auf der Seite der AFL und der Railroad Brotherhood! Was für einen Propagandaeffekt solch ein Foto für die CIO hätte, Schwarze als neue Mitglieder zu gewinnen!«

Nach einem Augenblick schauten die AFL-Führer betreten nieder und platzen heraus: »Verdammt, laßt uns die Rassentrennung zusammen zum Fenster rausschmeißen, wohlgemerkt, für diese Versammlung.«

Obwohl diese Massenversammlung die erste in dieser Stadt sein sollte, in der es keine Rassentrennung gab, und dies ein dramatischer Schritt vorwärts war, war die Massenversammlung nichtsdestotrotz relativ unwichtig verglichen mit der raschen Rationalisierung, die meinem Gespräch mit den Gewerkschaftsführern folgte. Keiner dieser Gewerkschaftsführer wollte sich eingestehen, daß er ausgetrickst oder in eine fortschrittliche Position manövriert worden war. Das hätte ihre Selbstachtung nicht zugelassen. Sie wußten, daß sie sich unwiderruflich für eine Massenversammlung ohne Rassentrennung ausgesprochen hatten. Der Rationalisierungsprozeß war voll im Gange und, meine Güte, wie diese Leute sich selbst erzogen! In den nächsten paar Tagen kamen Gewerkschaftsführer zu mir, die sich ihr ganzes Leben lang für Rassentrennung stark gemacht hatten, und sagten: »Ich glaube, wir haben das Richtige getan, als wir die Rassentrennung über Bord geworfen haben. Zum Teufel, wir leben in einer Demokratie, oder?« Und: »Wenn nicht die Gewerkschaften den Niggern, ich meine natürlich, den Schwarzen eine Chance geben, wer soll es denn dann tun?«

So ging es weiter und wuchs, eine Aktion, die einzig und allein aus taktischen Gründen durchgeführt worden war. In den folgenden Wochen nach der Massenversammlung führten diese Gewerkschaften Seminare, Foren und andere Bildungsprogramme über das Verhältnis zu Minderheiten durch. Dieses ganze Bildungsprogramm hatte seinen Ursprung in der rationalisierenden Selbsterziehung, die damit begann, daß diese Gewerkschaftsführer sich selbst beweisen mußten, daß ihre Ablehnung der Rassentrennung richtig war und ihre Entscheidung dazu auf moralischen Überzeugungen beruhte und nicht opportunistisch motiviert war.

In einer Bürger-Organisation ist Volksbildung ein aufregender und dramatischer Prozeß. Statt distanziert und akademisch zu sein, wird Bildung zu einem direkten und unmittelbaren Teil des persönlichen Lebens, der Erfahrungen und des Handelns der Menschen. Komitee-Mitglieder merken, daß sie sich auf dem Gebiet der Aktivitäten ihres Komitees informieren müssen; später entdecken sie, daß sie, um ihre eigenen Aktivitäten durchführen zu können, über alle anderen Probleme und Aktivitäten Bescheid wissen müssen, die mit der Arbeit des Komitees zusammenhängen. Das Komitee, das sich für Wohnungsprobleme interessiert, wird sich bald mit Planungs-, Gesundheits-, Rassen- und anderen Fragen beschäftigt sehen. Wissen wird dann zu einem Waffenarsenal in dem Kampf gegen Ungerechtigkeit und Erniedrigung.

Man lernt nicht mehr um des Lernens willen, sondern man lernt aus einem bestimmten Grund, für einen Zweck. Bildung hört auf, ein Luxus zu sein oder etwas, das unter dem vagen, vergeistigten Begriff der Kultur bekannt ist. Bildung wird lebensnotwendig wie Geld auf der Bank, Gesundheit, gute Wohnungen und sichere Arbeitsplätze.

Kommunikation

Alles Wissen ist nutzlos, wenn man nicht mit Menschen kommunizieren, sich ihnen nicht mitteilen kann. In diesem Fall wäre man nicht einmal eine Niete. Man wäre gar nicht existent.

Kommunikation findet statt, wenn die Menschen verstehen, was man ihnen mitzuteilen versucht. Wenn sie nichts verstehen, kommuniziert man nicht, trotz der Worte, Bilder und allem anderen. Menschen verstehen Dinge nur im Rahmen ihrer Erfahrungen, das heißt, man muß in ihren Erfahrungsbereich eindringen. Darüber hinaus ist Kommunikation keine Einbahnstraße. Wenn man versucht, anderen seine Ideen zu vermitteln, und dem keine Aufmerksamkeit schenkt, was sie einem zu sagen haben, kann man die ganze Sache von vornherein vergessen.

Ich weiß, daß ich mit dem anderen kommuniziert habe, wenn seine Augen aufleuchten und er erwidert: »Ich weiß genau, was du meinst. Mir ist das auch schon mal passiert. Das muß ich dir mal erzählen!« Dann weiß ich, daß Kommunikation stattfindet.

Kürzlich flog ich vom O'Hare Airport in Chicago nach New York. Nachdem der Jet vom Flugsteig abgelegt hatte, hörten wir die bekannte Durchsage: »Hier spricht Ihr Flugkapitän. Es tut mir leid, Ihnen mitteilen zu müssen, daß noch 17 Flugzeuge vor uns die Starterlaubnis erhalten werden. Ich werde das Rauchverbot aufheben und Sie auf dem laufenden halten.«

Manch ein Flugkapitän fühlt sich verpflichtet, seine Passagiere zu »unterhalten« mit einem unaufhörlichen Schwall von Wortmüll. »Es wird Sie interessieren, zu erfahren, daß dieses Flugzeug mit blablabla Tonnen beladen ist.« Das ist mir doch völlig egal. Oder: »Unsere Flugroute führt uns über Little Hannover, Ohio,

Kleinkleckersdorf« und so weiter und so weiter. Diesmal konnte sich jedoch der Kapitän in den Erfahrungsbereich vieler seiner Passagiere einfühlen und wirklich kommunizieren. Mitten in seiner »Unterhaltung« erläuterte er: »Übrigens, ich möchte Ihnen noch mitteilen, daß wir vom Zeitpunkt der Starterlaubnis, wenn Sie die Triebwerke aufheulen hören, bis zum Zeitpunkt des Abhebens so viel Treibstoff verbraucht haben werden, daß Sie mit der gleichen Menge mit dem Auto von Chicago nach New York und zurück, Umwege eingeschlossen, fahren könnten.« Man konnte solche Kommentare hören wie: »Ach, der macht ja bloß Witze!« Als die Starterlaubnis erteilt wurde und die Triebwerke aufheulten, schauten überall im Flugzeug Passagiere auf ihre Uhren. Nach etwa 25 Sekunden hob die Maschine ab, und viele wandten sich an ihren Nachbarn: »Glauben Sie das?« Wie zu erwarten war, hatten sich offensichtlich viele Passagiere irgendwann einmal damit beschäftigt, wie viele Kilometer man im Auto mit einer bestimmten Treibstoffmenge zurücklegen könnte. (...)

Da die Menschen nur das verstehen, was in ihrem Erfahrungsbereich liegt, muß ein Organisator zumindest eine grobe Vorstellung von ihrem Erfahrungsbereich besitzen. Dies dient nicht nur der Verständigung, sondern stärkt die persönliche Identifizierung des Organisators mit den anderen und trägt zu einer Verbesserung der Kommunikation bei. Es gab zum Beispiel in einem Viertel einen griechisch-orthodoxen Priester, nennen wir ihn hier Archimandrite Anastopolis. Jeden Samstagabend machte er im Viertel eine Kneipentour, hochachtungsvoll begleitet von sechs seiner Gemeindemitglieder. Nach einigen Stunden des Saufens war er so stockbesoffen, daß er plötzlich umkippte. Die sechs Getreuen trugen dann die Schnapsleiche wie Sargträger durch die Straßen zurück in die Sicherheit ihrer Kirche. Im Laufe der Jahre wurde dies zum Teil des Erfahrungsbereichs des Viertels, zu einer lebendigen Legende. Wenn man mit irgendeinem im Viertel sprach und ihm mitteilen wollte, daß irgend etwas unangebracht war, konnte man nur kommunizieren, wenn man sagte: »Das ist ja so kaputt wie der Archimandrite.« Die Reaktion wäre Lachen, Kopfnicken und: »Ja, ich weiß, was du meinst« – aber auch eine Vertrautheit durch den Austausch gemeinsamer Erfahrungen.

Wenn man versucht, zu kommunizieren, und keinen Anknüpfungspunkt im Erfahrungsbereich des anderen findet, dann muß man ihm die Erfahrung vermitteln.

Ich versuchte, zwei Organisatoren, die sich in meinem Stab in der Ausbildung befanden, zu erklären, warum sie bei ihrer Arbeit in einem Viertel Probleme hatten, weil sie den Erfahrungsbereich der Leute dort verlassen hatten: daß sie in diesem Fall nicht nur nicht kommunizieren, sondern Verwirrung stiften. Sie hatten einen ernsten, aufgeschlossenen Gesichtsausdruck und zeigten mir mit ihren Gesten und Worten, daß sie dem, was ich sagte, zustimmten und es verstanden, aber mir wurde bewußt, daß sie im Grunde nichts verstanden und ich nicht kommunizierte. Ich war nicht in ihren Erfahrungsbereich eingedrungen. So mußte ich ihnen dies in Erfahrung bringen.

Wir gingen damals in einer Gaststätte Mittagessen. Ich machte sie auf die Speisekarte aufmerksam, auf der acht verschiedene Gerichte mit Nummern aufgeführt waren. Nr. 1 war Rührei mit Speck, Nr. 2 irgendwas anderes und Nr. 6 war ein Hühnerleber-Omelett. Ich erklärte, daß sich der Kellner daran gewöhnt hatte, sofort jede Bestellung in eine Nummer zu übersetzen. Er würde »Rührei mit Speck« hören, und schon hätte es in seinem Kopf geklickt: »Nr. 1.« (...)

Nachdem das klar war, sagte ich: »Wenn ich jetzt meine Bestellung aufgebe, werde ich statt 'Hühnerleber-Omelett', was für den Kellner Nr. 6 ist, sagen: 'Sehen Sie dies Hühnerleber-Omelett?' Er wird erwidern: 'Ja, Nr. 6.' Dann werde ich sagen: 'Einen Augenblick, ich will die Hühnerleber nicht im Omelett, ich will sie getrennt. Verstehen Sie mich?' Er wird die Bestellung entgegennehmen, und dann stehen die Chancen neun zu eins, daß alles durcheinander geht, weil er nicht mehr einfach Nr. 6 bestellen kann. Ich weiß nicht, was passieren wird, aber damit verlasse ich seinen gewohnten Erfahrungsbereich.«

Der Kellner nahm meine Bestellung genau so auf, wie ich es beschrieben habe. Nach etwa 20 Minuten kam er mit einem Omelett und einer ganzen Portion Hühnerleber. Er legte mir eine Rechnung über 3,25 Dollar vor: 1,75 Dollar für das Omelett und 1,50 Dollar für die Hühnerleber. Ich reklamierte und kritisierte sofort, daß ich Nr. 6 bestellt hätte, die nur 1,50 Dollar kostete, aber statt der Leber im Omelett sie getrennt haben wollte. Nun hätte ich ein großes Omelett, eine große Portion Hühnerleber und eine Rechnung, die fast dreimal so hoch sei. Wie sollte ich zwei Gerichte essen? Verwirrung breitete sich aus. Kellner und Geschäftsführer berieten. Schließlich kam der Kellner zurück, mit einem roten Kopf und etwas aus der Fassung: »Das Versehen tut mir leid – wir haben alles durcheinandergeworfen – Sie können essen, was Sie wollen.« Die Rechnung wurde auf den ursprünglichen Preis von Nr. 6 geändert.

In einer ähnlichen Situation in Los Angeles ging ich mit vier Mitgliedern meines Stabes vor ein Luxushotel, um die gleiche Sache zu demonstrieren. Ich sagte: »Seht mal her! Ich habe hier einen Zehn-Dollar-Schein in meiner Hand. Ich schlage vor, wir gehen um dieses Hotel herum, das sind vier Straßenblocks, und ich werde versuchen, diesen Geldschein zu verschenken. Das wird sicherlich außerhalb des Erfahrungsbereichs der Leute liegen. Ihr vier lauft hinter mir her und beobachtet, wie die Leute, die ich anspreche, reagieren. Ich werde auf sie zugehen, ihnen den Zehn-Dollar-Schein entgegenhalten und sagen: 'Hier, nehmen Sie den!' Ich vermute, daß alle zurückweichen werden, verwirrt, beleidigt oder ängstlich dreinschauen und so schnell wie möglich vor diesem verrückten Hund abhauen werden. Jemand, der sie anspricht, ist gemäß ihren Erfahrungen ein Schnorrer, besonders wenn man so angezogen ist wie ich, ohne Schlips und Jackett, oder er will eine Auskunft.«

Ich spazierte los und versuchte, den Zehn-Dollar-Schein zu verschenken. Die Reaktionen lagen alle »im Erfahrungsbereich der Leute«. Etwa drei von ihnen meinten, als sie den Geldschein sahen und ich noch nichts gesagt hatte: »Es tut mir leid, ich kann nicht wechseln.« Andere eilten vorbei: »Ich habe im Moment kein Geld bei mir«, als hätte ich versucht, welches von ihnen zu bekommen, anstatt ihnen etwas geben zu wollen. Eine junge Frau platzte und schrie fast: »Ich gehöre nicht zu dieser Art von Mädchen. Wenn Sie nicht sofort von hier verschwinden, rufe ich die Polizei!« Eine andere Frau um die dreißig knurrte: »So billig kriegen Sie mich nicht!« Es gab einen Mann, der stehenblieb und sagte: »Was ist das denn schon wieder für ein Spielchen?«, und dann weiterging. Die meisten Leute reagierten erschreckt, verwirrt und sprachlos, sie beschleunigten ihre Schritte und machten einen Bogen um mich.

Nachdem mir etwa 14 Menschen begegnet waren, stand ich wieder vor dem Eingang des Luxushotels und hatte den Zehn-Dollar-Schein immer noch in der Hand. Meine vier Begleiter hatten jetzt ein klares Verständnis davon, daß Menschen immer streng auf der Grundlage ihrer eigenen Erfahrungen reagieren.

Ein weiteres Beispiel für das gleiche Prinzip ist in diesem Zusammenhang die christliche Zivilisation. Die meisten Menschen sind zur Kirche gegangen und haben ihren Mund voll von christlichen Lehren, und trotzdem sind sie nicht wirklich Teil ihres Erfahrungsbereichs, weil sie nicht nach ihnen leben. Ihre Erfahrung mit der Kirche ist eine reine ritualistische Dekoration.

Die »New York Times« berichtete vor einigen Jahren über einen Mann, der mit ungefähr vierzig Jahren zum Katholizismus übergetreten war und dann, erfüllt vom Eifer eines Bekehrten, sich entschied, soweit wie möglich die Nachfolge des Heiligen Franz von Assisi anzutreten. Er hob seine gesamten Ersparnisse ab, etwa 2 300 Dollar. Er ließ sich das Geld in Fünf-Dollar-Scheinen auszahlen und ging in das ärmste Viertel New York Citys, die Bowery (vor ihrer Sanierung), und jedesmal, wenn ihm ein bedürftig aussehender Mann oder eine Frau begegnete, ging er auf sie zu und sagte: »Bitte nehmen Sie das.« Nun, der Unterschied zwischen dieser Situation und meiner beim Luxushotel ist, daß es zum Erfahrungsbereich der Bettler der Bowery gehört, wenn ihnen jemand Geld oder einen Teller Suppe anbietet. Auf jeden Fall mußte unser Freund bei seinem Versuch, wie ein Christ zu leben und die Nachfolge des Heiligen Franz von Assisi anzutreten, feststellen, daß er das nur vierzig Minuten konnte, ehe er von einem christlichen Polizisten festgenommen, von einem christlichen Notarzt ins Krankenhaus gebracht und dort von einem christlichen Psychiater für unzurechnungsfähig erklärt wurde. Das Christentum liegt außerhalb des Erfahrungsbereichs einer Bevölkerung, die sich zu ihm bekennt, es aber nicht praktiziert.

In einer Massenorganisation darf man sich nie außerhalb des eigentlichen Erfahrungsbereichs der Leute begeben. Ich bin beispielsweise gefragt worden, warum ich mit einem katholischen Priester oder einem protestantischen Pfarrer oder einem Rabbi niemals auf der Grundlage der jüdisch-christlichen Ethik oder der Zehn Gebote oder der Bergpredigt rede. Das tue ich nie. Statt dessen spreche ich ihr persönliches Eigeninteresse an, das Wohlergehen ihrer Gemeinde, sogar ihren Besitz.

Falls ich sie in einer moralistischen Weise anspräche, wäre das außerhalb ihres Erfahrungsbereichs, weil sich das Christliche und Jüdisch-Christliche außerhalb des Erfahrungsbereichs der organisierten Religion befindet. Sie würden mir nur zuhören und mir sehr wohlwollend versichern, wie nobel ich sei. In dem Augenblick, wo ich den Raum verlasse, würden sie die Sekretärin rufen und ihr sagen: »Wenn dieser Spinner hier noch mal auftauchen sollte, sagen Sie ihm, ich sei nicht da.«

Kommunikation, die überzeugen soll wie in Verhandlungen, bedeutet mehr als das Eindringen in den Erfahrungsbereich des anderen. Man muß dessen Hauptziel fixieren und es voll im Auge behalten. Man kommuniziert mit irgend jemandem nicht allein über rationale Fakten oder moralische Grundsätze einer Frage. Aufschlußreich ist die Episode zwischen Moses und Gott, als die Juden begonnen hatten, das Goldene Kalb anzubeten:

»Der Herr sprach aber zu Mose: Geh, steig hinab; denn dein Volk, das du aus Ägyptenland geführt hast, hat schändlich gehandelt.

Sie sind schnell von dem Wege gewichen, den ich ihnen geboten habe. Sie haben sich ein gegossenes Kalb gemacht und haben's angebetet und ihm geopfert und gesagt: Das ist dein Gott, Israel, der dich aus Ägyptenland geführt hat.

Und der Herr sprach zu Mose: Ich sehe, daß es ein halsstarriges Volk ist.

Und nun laß mich, daß mein Zorn über sie entbrenne und sie vertilge; dafür will ich dich zum großen Volk machen.

Mose aber flehte vor dem Herrn, seinem Gott, und sprach: Ach, Herr, warum will dein Zorn entbrennen über dein Volk, das du mit großer Kraft und starker Hand aus Ägyptenland geführt hast?

Warum sollen die Ägypter sagen: Er hat sie zu ihrem Unglück herausgeführt, daß er sie umbrächte im Gebirge und vertilge sie vom Erdboden? Kehre dich ab von deinem grimmigen Zorn und laß dich des Unheils gereuen, das du über dein Volk bringen willst.

Gedenke an deine Knechte Abraham, Isaak und Israel, denen du bei dir selbst geschworen und verheißen hast: Ich will eure Nachkommen mehren wie die Sterne am Himmel, und dies ganze Land, das ich verheißen habe, will ich euren Nachkommen geben, und sie sollen es besitzen für ewig.

Da gereute den Herrn das Unheil, das er seinem Volk zugedacht hatte.« (Das zweite Buch Mose 32, 7-14*)

Moses versuchte nicht, mit Gott auf der Ebene der Gnade und Gerechtigkeit zu kommunizieren, als Gott zornig war und die Juden vernichten wollte: er argumentierte mit einem Hauptgesichtspunkt und überlistete Gott. Nur, wenn sich die Gegenseite betroffen und bedroht fühlt, wird sie zuhören - auf dem Schauplatz der Handlung wird eine Bedrohung oder eine Krise fast zur Voraussetzung von Kommunikation.

Ein großartiger Organisator wie Moses verliert nie die Beherrschung, wie es vielleicht ein unbedeutenderer getan hätte, als Gott sagte: »Geh, steig hinab; denn dein Volk, das du aus Ägyptenland geführt hast, hat schändlich gehandelt.« Falls Moses zu diesem Zeitpunkt seine Beherrschung verloren hätte, hätte er höchstwahrscheinlich erwidert: »Was kommst du mir mit diesem ganzen Zeug von wegen meinem Volk, das ich aus Ägyptenland geführt habe ... Ich bin nur einfach durch die Wüste spaziert, und wer hat die ganze Sache mit dem brennenden Busch angefangen, und wer hat mir gesagt, ich solle mich auf den Weg nach Ägyptenland machen, und wer hat mir gesagt, ich solle die Leute aus der Sklaverei befreien, und wer hat denn die ganzen Machtspielereien abgezogen, all die Plagen, und wer teilte das Rote Meer, und wer war das mit der Wolkensäule am Himmel, und jetzt plötzlich soll das mein Volk sein.«

---

* nach der Übersetzung Martin Luthers; zit. nach der Ausgabe der Württembergischen Bibelanstalt, Stuttgart 1967

Aber Moses blieb ruhig, und er wußte, der wichtigste Angriffspunkt war für ihn das, was er für Gott als das Wichtigste ansah: Gott wollte seiner Meinung nach die Nr. 1 sein. Überall im Alten Testament stößt man auf Stellen wie: »Du sollst keine anderen Götter neben mir haben«, »Du sollst nicht falschen Göttern dienen«, »Ich bin der Gott der Rache«, »Du sollst den Namen deines Herrn nicht mißbrauchen«. Und so geht das weiter und weiter, einschließlich des ersten Teils der Zehn Gebote.

Dies wissend startete Moses seinen Angriff. Er fing an zu argumentieren und sagte zu Gott, er möge sich beruhigen. (Will man Moses' Motive an diesem Punkt herausfinden, muß man sich fragen, ob er seinem Volk treu bleiben wollte oder Mitleid mit ihm hatte oder ob er keine Lust verspürte, ein ganzes neues Volk hervorzubringen, weil er schließlich stark auf die 120 zuging, und das wäre ziemlich viel verlangt.) Jedenfalls begann er zu verhandeln: »Sieh mal, Gott, du bist der Herr. Du hast alle Trümpfe in der Hand. Was immer du tun willst, das kannst du tun, und niemand kann dich daran hindern. Aber du mußt wissen, Gott, du kannst hier nicht einfach die Kurve kratzen, du hast mit diesen Leuten eine Absprache, du erinnerst dich, den Alten Bund, wonach du ihnen nicht nur versprochen hast, sie aus der Sklaverei zu befreien, sondern du wolltest sie praktisch zu Erben dieser Erde machen. Ja, ich weiß, du wirst mir vorhalten, daß sie ihren Teil der Abmachung gebrochen haben und daß man so mit dir nicht wetten kann. Aber so einfach ist die Sache nicht. Du sitzt in der Klemme. Die Nachricht über diese Abmachung ist überall in diesem Laden durchgesickert. Die Ägypter, die Philister, die Kanaaniter, alle wissen sie davon. Aber, wie ich schon sagte, du bist der Herr. Fang an und erledige sie. Was mußt du dich darum kümmern, wenn die Leute sagen sollten: 'Das paßt zu Gott. Man kann dem kein Wort glauben. Auf den kann man sich nicht verlassen. Sein Versprechen ist nicht einmal soviel wert wie der Stein, auf dem es geschrieben steht.' Aber schließlich bist du der Herr, und ich nehme an, daß du damit fertig wirst.«

»Da gereute den Herrn das Unheil, das er seinem Volk zugedacht hatte.«

Ein anderer Grundsatz wirksamer Kommunikation ist, daß Menschen ihre eigenen Entscheidungen treffen müssen. Ebensowenig wie Moses Gott erzählen konnte, was er tun sollte, kann ein Organisator einer Gemeinde erklären, was zu tun ist. Der Organisator hat jedoch meistens eine recht gute Vorstellung davon, was eine Gemeinde unternehmen sollte, und er wird Anregungen geben, manövrieren und die Gemeinde überzeugen wollen, eine bestimmte Aktion durchzuführen. Er wird nicht immer den Anschein erwecken, der Gemeinde weiszumachen, was zu tun ist; statt dessen wird er Fragen stellen, die es in sich haben. Zum Beispiel ist der Organisator einer Strategiediskussion überzeugt, daß die Taktik Z die richtige ist:

Organisator: Was meint ihr, sollen wir tun?

Gemeindevertreter Nr. 1: Wir sollten die Taktik X anwenden.

Organisator: Was glaubst du, Gemeindevertreter Nr. 2?

Gemeindevertreter Nr. 2: Ja, das klingt gut.

Organisator: Und was ist mit dir, Nr. 3?

Gemeindevertreter Nr. 3: Nun, ich weiß nicht so recht. Das hört sich gut an, aber irgendwas stört mich. Was meinst du, Organisator?

Organisator: Wichtig ist, was ihr Kerle denkt. Was stört dich?

Gemeindevertreter Nr. 3: Ich weiß nicht, es ist irgend etwas ...

Organisator: Ich habe eine Ahnung, daß ... Ich weiß nicht, aber ich kann mich erinnern, daß du und Nr. 1 gestern mit mir geredet und mir irgend etwas von irgend jemandem erzählt habt, der einmal etwas wie die Taktik X ausprobiert hat, und da hat was nicht so richtig geklappt, und deshalb funktionierte es nicht oder so. Weißt du noch, worum es ging, Nr. 1?

Gemeindevertreter Nr. 1 (der zugehört hat und nun weiß, daß Taktik X nicht die richtige ist): Sicher, ich erinnere mich. Ja, nun, wir wissen alle, daß X nicht läuft.

Organisator: Genau. Und wir wissen auch, solange wir nicht alle Fehlerquellen ausschalten, werden wir nie zu der Taktik kommen, die funktioniert. Stimmt's?

Gemeindevertreter Nr. 1 (entschieden): Absolut!

Und so geht die gelenkte Befragung weiter, ohne daß irgendeiner sein Gesicht verliert oder von der Entscheidungsfindung ausgeschlossen wird. Jede Schwäche jeder vorgeschlagenen Taktik wird durch Fragen einer gründlichen Untersuchung unterzogen. Schließlich schlägt jemand Taktik Z vor, und wiederum durch Fragen werden ihre Vorzüge sichtbar und über sie entschieden.

Ist das Manipulation? Sicherlich, wie ein Lehrer manipuliert, und nicht weniger als sogar ein Sokrates. (...)

Solange der Organisator auf der Grundlage von Fragen vorgeht, werden die Gemeindevertreter sein Urteil immer höher als ihr eigenes einschätzen. Sie glauben, daß er etwas von seiner Arbeit versteht, daß er die richtigen Taktiken kennt, darum ist er ja auch ihr Organisator. Selbst wenn sie sich dessen bewußt sind, weiß der Organisator, daß er, finge er an, Anordnungen und »Erklärungen« abzugeben, unbewußten Unmut schürte, ein Gefühl, daß der Organisator sie schlecht macht und ihre Würde als Individuen nicht respektiert. Der Organisator weiß, daß es ein menschlicher Zug ist, daß jemand, der um Hilfe bittet und sie erhält, nicht mit Dankbarkeit reagiert, sondern mit einer unbewußten Feindseligkeit dem gegenüber, der ihm geholfen hat. Dies ist eine Art psychischer »Erbsünde«, weil er glaubt, daß der, der ihm geholfen hat, sich ständig vor Augen hält, daß er ohne seine Hilfe ein Nichts geblieben wäre. All dies bringt ein geschicktes und sensibles Rollenverhalten auf seiten des Organisators mit sich. Am Anfang ist der Organisator der General, der weiß, wo was wie lang geht, aber er trägt nie seine vier Sterne, wird nie als General angesprochen und verhält sich auch nicht wie einer – er ist ein Organisator.

Es gibt auch Zeiten – oft genug –, wenn der Organisator im Laufe der Diskussion entdeckt, daß die Taktik Z, oder wofür er sich auch immer zuvor entschieden hat, nicht die angemessene ist. In diesem Fall sollten wir hoffen, daß sein Ich stark genug ist, einem anderen zu erlauben, die Lösung zu finden.

Das Verhältnis der Gesprächspartner bestimmt letzten Endes die Grenzen der Kommunikation. Es gibt sensible Bereiche, die man nicht berührt, solange nicht eine starke persönliche Beziehung da ist, die auf Gemeinsamkeit beruht. Sonst schaltet die andere Seite ab und hört dich buchstäblich nicht, ob du dich nun innerhalb ihres Erfahrungsbereiches befindest oder nicht. Andererseits ist sie sehr offen, wenn man ein gutes Verhältnis hat, und deine »Botschaft« kommt positiv an.

Ich habe beispielsweise immer die Überzeugung vertreten, daß Geburtenkontrolle und Abtreibung dem Individuum zustehende persönliche Rechte sind. Hätte ich versucht, diesen Standpunkt zu vertreten, als ich anfing, das Back-of-the-Yards-Viertel in Chicago zu organisieren, wo 95 Prozent katholisch sind, wäre ich dort unten durch gewesen, selbst wenn ich innerhalb des Erfahrungsbereichs der Bevölkerung geblieben wäre, deren wirtschaftliches Elend durch große Familien verschärft wurde. Von dem Moment an wäre ich als Feind der Kirche abgestempelt gewesen und jegliche Kommunikation unmöglich geworden. Einige Jahre später, als mein Verhältnis auf einer soliden Grundlage stand, konnte ich frei über alles reden, einschließlich Geburtenkontrolle. Ich erinnere mich, darüber mit dem damaligen katholischen Dekan diskutiert zu haben. Der Streit beschränkte sich längst nicht nur auf solche Fragen wie: »Wie lange, glauben Sie, wird die katholische Kirche an diesen überkommenen Vorstellungen festhalten und gleichzeitig dabei überleben können?« Mir fiel ein, daß fünf Priester im Wartezimmer saßen, die mit dem Dekan sprechen wollten und die er, wie ich wußte, alle verachtete. Ich sagte: »Sehen Sie, ich werde Ihnen beweisen, daß Sie eigentlich an Geburtenkontrolle glauben, obwohl Sie den größten Krach gegen sie schlagen«, und dann öffnete ich die Tür und meinte: »Schauen Sie einmal raus! Können Sie denen in die Augen schauen und mir erzählen, Sie sind gegen Geburtenkontrolle?« Er brach zusammen: »Das ist ein unfaires Argument, und das wissen Sie.« Aber Gegenstand und Verlauf der Diskussion wären ohne unser gutes Verhältnis undenkbar gewesen.

Ein klassisches Beispiel für das Versagen von Kommunikation, weil der Organisator völlig den Erfahrungsbereich der Menschen verläßt, ist der Versuch von Studenten, den Armen klarzumachen, daß ihre Wertvorstellungen überholt sind. »Sie können mich beim Wort nehmen: wenn Sie einen guten Job bekommen, ein Haus im Grünen, einen Farbfernseher, zwei Autos und Geld auf der Bank, wird Sie das auch nicht glücklich machen.« Die Reaktion darauf wird ohne Ausnahme immer sein: »Nun ja, das möchte ich schon selbst beurteilen. Ich sag's Ihnen dann, wenn ich alles habe.«

Kommunikation auf einer allgemeinen Basis ohne konkreten Bezug zu speziellen Erfahrungen wird phrasenhaft und bleibt weitgehend bedeutungslos. (...) Um zu erklären, was ein persönliches Verhältnis ausmacht, habe ich wiederholt meinen Zuhörern folgendes erzählt: Wenn der Leiter diese Versammlung mit den Worten eröffnet hätte: »Ich bin erschüttert und traurig, Ihnen mitteilen zu müssen, daß ich soeben erfahren habe, daß Saul Alinsky bei einem Flugzeugunglück ums Leben gekommen ist und deshalb der Vortrag ausfallen muß«, wäre die einzige Reaktion: »Ach Gott, das ist aber schade. Ich hätte ihn doch gern mal kennengelernt, aber ... äh ... nun, wollen wir mal sehen, was wir mit dem angebrochenen Abend anfangen. Was sollen wir denn jetzt machen? Wir könnten ja ins Kino gehen.« Das ist wohl alles, was man erwarten kann, außer von denen, die mich gekannt haben, ganz gleich, welches Verhältnis sie zu mir hatten.

Ich sagte meinen Zuhörern: Nehmen wir einmal an, ich hätte diesen Vortrag beendet, und nehmen wir weiter an, Sie wären mit allem, was ich gesagt habe, nicht einverstanden gewesen; Ihnen gefällt mein Gesicht nicht, der Klang meiner Stimme, meine Verhaltensweisen, meine Kleidung, Sie mögen mich einfach nicht. Pause. Nehmen wir darüber hinaus an, ich sollte vor Ihnen nächste Woche wieder einen Vortrag halten, und dann werden Sie über meinen plötzlichen Tod informiert. Ihre Reaktion wäre völlig anders, ganz unabhängig von Ihrer Abneigung. Sie wären schokkiert. Sie würden sagen: »Warum? Gestern lebte er noch, atmete, redete und lachte. Es ist unglaublich, daß er so plötzlich nicht mehr da ist.« Das ist die menschliche Reaktion auf ein persönliches Verhältnis.

Was in diesem Zusammenhang jedoch von besonderer Bedeutung ist, ist die Tatsache, daß wir es mit einer bestimmten Person und nicht mit einer großen Masse zu tun haben. (...)

Das ist das Problem bei dem Versuch, über das Thema der Atombombe zu kommunizieren. Sie ist zu groß. Sie hat zu viele Opfer zur Folge. Sie liegt außerhalb des Erfahrungsbereichs der Menschen, und sie reagieren mit einem »Ja, sie ist eine schreckliche Sache«, aber im Grunde ist sie für sie unbegreifbar. Genauso ist es mit Zahlen. In Bereichen von 25 Millionen Dollar oder mehr, ganz zu schweigen von Milliarden, kommt der Zuhörer überhaupt nicht mehr mit und verliert völlig das Interesse, weil solche Zahlen nicht mehr in seinem Erfahrungsbereich liegen und fast bedeutungslos sind. Millionen von US-Bürgern wissen nicht, aus wieviel Millionen Dollar eine Milliarde besteht.

Man muß konkret werden, so konkret, daß die Sachen, um die es geht, mit den Händen der Erfahrung greifbar werden. Es ist von grundlegender Bedeutung, daß Probleme vermittelbar sein müssen, daß sie einfach genug sind, um sie als Parolen oder Schlachtrufe aufzugreifen. Es dürfen keine Allgemeinplätze sein wie Sünde oder Unmoral oder das gute Leben oder moralische Grundsätze. Es muß dieses unmoralische Verhalten dieses Besitzers von diesem Haus in diesem Slum mit diesen Bewohnern sein, die dies erleiden.

Es sollte damit deutlich geworden sein, daß Kommunikation konkret abläuft, und zwar mittels eigener besonderer Erfahrungen. Allgemeine Theorien gewinnen nur dann an Bedeutung, wenn jemand alle einzelnen Bestandteile aufgenommen und verstanden hat und sie dann in Beziehung zu dem Gesamtkonzept bringen kann. Solange dies nicht geschieht, sind die Einzelheiten nicht mehr als eine Kette interessanter Anekdoten. Das ist die Welt der Kommunikation.

Konflikttaktiken I

Eine Bürger-Organisation ist eine Konfliktpartei. Das muß man klar und deutlich sehen. Der einzige Grund, warum es sie gibt, ist, einen Krieg gegen alle Mißstände zu führen, die Leid und Unglück verursachen. Eine Bürger-Organisation ist der Zusammenschluß einer großen Zahl von Männern und Frauen, die für ihr Recht auf ein menschenwürdiges Leben kämpfen. Die meisten der ständigen Auseinandersetzungen werden friedlich und in allgemein anerkannten rechtlichen Bahnen verlaufen, aber in allen Kämpfen gibt es Zeiten, wo »die Stimme des Gesetzes zu leise ist, um bei solch einem Kriegsgeschrei gehört zu werden«.

Der Aufbau einer Bürger-Organisation ist der Aufbau einer neuen Machtgruppierung. Eine neue Machtgruppierung zu schaffen bedeutet automatisch eine Einmischung in und eine Bedrohung für die bestehenden Machtverhältnisse und damit eine Infragestellung des Status quo. (...)

Eine Bürger-Organisation ist keine philanthropische Spielwiese oder irgendein sozialer Klimbim einer Wohlfahrtsorganisation. Sie ist eine tiefgreifende, vorantreibende Kraft, die die eigentlichen Wurzeln allen Übels, unter denen die Menschen zu leiden haben, bekämpft und ausreißt. Sie erkennt die Existenz eines Teufelskreises, in dem die meisten menschlichen Wesen gefangen sind, und kämpft erbittert, um aus diesem Teufelskreis auszubrechen. Sie denkt und handelt im Sinne sozialer Chirurgie und nicht kosmetischen Zukleisterns. Das ist einer der Gründe, warum eine Bürger-Organisation weiß, daß sie um jeden Fußbreit Boden zu kämpfen hat, um zu ihrem Ziel zu kommen: einer menschlichen Welt.

Weil es zum Charakter einer Bürger-Organisation gehört, daß sie regelmäßig in Konflikte verwickelt ist, und weil die meisten Versuche, Bürger-Organisationen aufzubauen, durch die Angriffe einer Opposition zerschlagen worden sind, die keine Regeln des Fair play oder moralische Grundsätze kennt, ist es unbedingt erforderlich, daß die Organisatoren und Führer einer Bürger-Organisation nicht nur die Notwendigkeit sowie das Wesen und die Zielsetzung der Konflikttaktiken verstehen, sondern mit ihrer Anwendung vertraut werden und sie schließlich beherrschen.

Eine Bürger-Organisation hat sich einem ewigen Krieg verschrieben. Es ist ein Krieg gegen Armut, Elend, Kriminalität, Krankheiten, Ungerechtigkeit, Hoffnungslosigkeit, Verzweiflung und Unglück. (...) Ein Krieg ist keine intellektuelle Debatte, und im Krieg gegen soziale Ungerechtigkeit gibt es keine Regeln des Fair play. (...)

In unserem Krieg gegen soziale Ungerechtigkeit kann es keinen Kompromiß geben. (...) Radikale kämpfen um den Sieg. (...)

Für Außenstehende ist es leicht, sich in luxuriöser Sicherheit zu entspannen und über die Taktiken und Strategien einer Bürger-Organisation kritisch herzuziehen, deren Mitglieder für ihre Kinder kämpfen, für ihre Wohnungen, für Arbeitsplätze, für ihr eigenes Leben. Diese Außenstehenden besitzen die Zeit, sich an gemächlichen demokratischen Diskussionen zu beteiligen, haarspalterisch jede einzelne Formulierung einer kleinen Resolution zu bekakeln. Mit Horror betrachten sie die blitzschnellen, groben, nicht sehr präzisen Hals-über-Kopf-Entscheidungen einer Bürger-Organisation. Leider sind bei ihr die Voraussetzungen nicht immer gegeben, daß ein Vorstand ein Problem in aller Ruhe diskutiert, an einen Ausschuß überweist und alle Möglichkeiten der Geschäftsordnung voll ausgenutzt werden. Dieser Luxus bleibt Menschen verwehrt, die sich plötzlich im Zentrum heftiger Angriffe ihrer Gegner befinden. Die Menschen in einer Bürger-Organisation können es sich einfach nicht leisten, im Saft der gerechten Gefühle ihrer Empörung zu schmoren. Sie kämpfen dafür, daß das Leben lebenswert wird, und jeder Angriff des Gegners verlangt einen Gegenangriff.

Die Bürger-Organisation lebt nicht bequem und gelassen in einem Elfenbeinturm, wo sie nicht nur kontroverse Themen diskutieren kann, sondern auch die Möglichkeit besitzt, zu entscheiden, ob sie in einem Fall Partei ergreifen soll oder nicht. Im wirklichen Leben kümmern sich Konflikte – wie so viele andere Dinge, mit denen wir konfrontiert werden – nicht darum, ob sie uns in diesem Augenblick gerade passen oder ob wir glauben, der Zeitpunkt zum Kampf sei gekommen.

Eine Bürger-Organisation lebt in einer Welt harter Realitäten. Sie lebt inmitten von vernichtenden Kräften, brutalen Kämpfen, heftigen Gegenströmen, zerreißenden Leidenschaften, Auseinandersetzungen, Verwirrung, scheinbarem Chaos, zwischen heiß und kalt, im Elend und im Drama, was Menschen nüchtern »Leben« nennen und Studenten als »Gesellschaft« beschreiben.

Der Unterschied zwischen den üblichen Protestformen und den Taktiken auf Leben und Tod einer Bürger-Organisation wird durch einen Kampf einer der mächtigsten Bürger-Organisationen des Landes veranschaulicht. Einer der Führer dieser Organisation beschrieb die angewandten Methoden »im Kampf des Volkes gegen Boss«, wie man das nannte:

Der Riese unter den Einzelhandelsgeschäften im Viertel Across the Tracks ist Boss. Durch seine Größe, sein Umsatzvolumen und seine Kapitalstärke gehört es zweifelsohne zum »Big Business«. Boss befindet sich an der Ecke Main Street/Washington Road im Zentrum von Across the Tracks. Seit der Jahrhundertwende steht sie da, die glitzernde Burg des Konsums in einem Tal des Elends.

Boss' Größe spiegelte umgekehrt sein Interesse für die örtliche Bevölkerung wider. Boss war der Allergrößte, und seine finanziellen Rücklagen waren die höchsten, seine Preise die niedrigsten. Solch eine wirtschaftliche Stellung schien uneinnehmbar, zum Teufel mit Public Relations. Solange Joe Dokes seinen Schnaps bei Boss billiger bekam, würde er ihn dort kaufen, egal, was die Leute sagen. Geld zählt. Black and White Whisky kostete überall 3,25 Dollar, bei Boss 2,25 Dollar. Warum sollten sie sich um Public Relations kümmern? Sie besaßen sie, denn Geld zählt. Sollten doch die Tante-Emma-Läden die Kirchen und Gewerkschaften im

Viertel unterstützen oder für Jugendgruppen oder den Bau eines Freizeitzentrums blechen. Sollten sie die Zeche zahlen, diese Dummköpfe! Sie waren ja nicht besser als die Bevölkerung. Aber nicht Boss. Sie waren groß genug und brauchten sich keine Sorgen zu machen, was diese Kirchengemeinde oder jene Organisation dachte. Sie waren so groß, daß sie die kleinen Leute gar nicht sehen konnten.

Boss ignorierte völlig die örtlichen Einrichtungen: sie spendeten nie einer Kirchengemeinde oder einem Stadtteilverein Geld; sie zeigten keinerlei Interesse am Wohlergehen des Viertels. Ihr anmaßendes und überhebliches Auftreten führte dazu, daß mindestens zwei Kirchen ihre Gemeindemitglieder aufforderten, Boss zu boykottieren. Boss begegnete diesen Boykotts mit seinem todsicheren Rezept: es machte Werbung für Markenprodukte, deren Preise es drastisch gesenkt hatte. Die meisten Leute nahmen keine Notiz von den Boykott-Aufrufen ihrer Pfarrer und Priester, und Boss' Geschäft florierte mehr denn je. Es gab auch ständig Beschwerden und Kritik bezüglich der Löhne und Arbeitsbedingungen bei Boss. Obwohl Boss jeden Boykott einer Kirchengemeinde durch Preissenkungen erfolgreich unterlief, fühlten sich gleichzeitig die Pfarrer und Priester in ihrem Stolz und in ihrem Ansehen immer verletzter. Verbitterung und Feindseligkeit wuchsen.

Mehr als alles andere verursachte höchstwahrscheinlich Boss' Public-Relations-Politik in der Weihnachtszeit weitere Verbitterung. Seit Jahren war es in Across the Tracks Brauch gewesen, im Advent eine Sammlung durchzuführen, um bedürftigen Familien im Viertel zu Weihnachten einen Präsentkorb zu überreichen. Schulkinder kratzten dafür ihr Kleingeld zusammen. Aber dieser Koloß von Kaufhaus, der alle kleinen Läden wie ein Riese überschattete, steuerte Süßigkeiten im Wert von 3,50 Dollar bei! Gerüchten im Viertel zufolge betrug der Einkaufspreis der Süßigkeiten für Boss etwa 40 Cents. Dies erregte die Gemüter im Viertel, und nach zwei Jahren hieß es überall: »Demnächst ist Weihnachten. Vielleicht wird Boss, großzügig wie sie sind, Süßigkeiten im Wert von 50 Cents spenden anstatt von 40.«

Die eiskalte Gleichgültigkeit von Boss brachte die Bevölkerung zum Kochen. Wie ein Schneeball, der immer größer wird, wenn er einen Berg herunterrollt, so wuchs die Wut im Viertel. Die Situation verschärfte sich mit jedem Tag. Mehr und mehr Leute fanden sich mit jeder Woche, deren Haß so kalt geworden war wie die eisige Gleichgültigkeit von Boss.

Die Situation glich einem Pulverfaß, das durch den kleinsten Funken zur Explosion gebracht werden konnte. Es war wahrscheinlich, daß gerade zur Weihnachtszeit dieser winzige Funken überspringen könnte.

Mitte November 1941 zündete es. Etwa 250 Leute aus dem Viertel, die bei Boss arbeiteten, traten der Gewerkschaft bei und streikten. Diese Leute kannten wir sehr gut: Von vielen kannten wir die Vornamen. Einige von ihnen hatten in unseren Kirchen geheiratet. Einige waren hier getauft worden. Fast alle gehörten einem Sportverein des Viertels an. Diese Leute waren unsere Leute!

Die Stimmung gegen Boss stieg langsam, aber sicher zum Explosionspunkt. Boss war das Gesprächsthema. In dem Slogan der streikenden Gewerkschaft »Bei Boss beginnt das Leben mit 14 Dollar in der Woche« war der aufgestaute Haß, die Voreingenommenheit und Feindschaft der Bevölkerung gegen Boss auf den Punkt gebracht worden.

Durch die Bürger-Organisation begannen die Leute aktiv zu werden. Eine Suppenküche für die Streikenden wurde eingerichtet. Pfarrer und Priester führten für die Sache einen Kreuzzug von den Kanzeln aus durch, und die Führer der Organisationen sprachen vor ihren Mitgliedern. Eine organisierte Bevölkerung setzte sich in Bewegung. Pläne für einen Streik des ganzen Viertels gegen Boss wurden geschmiedet. Ende November schien es sicher zu sein, daß die Vereinigten Staaten den ersten Verbraucherboykott ihrer Geschichte erleben würden. Die aufgebrachte Bevölkerung in Across the Tracks war zu der Entscheidung gelangt, daß es einen völligen Boykott von Boss geben sollte. Ein Streik des ganzen Viertels mit Streikposten aus dem ganzen Viertel: Geistliche, Gewerkschaftsführer, die Führer sämtlicher Minderheiten, sozialer, religiöser, geschäftlicher und nationaler Vereinigungen Seite an Seite – 120 000 Menschen gegen 10 000 000 Dollar. Ein Kampf, der nur ein Ergebnis haben konnte: den Sieg der Bevölkerung.

Angesichts eines Kampfes mit diesen Dimensionen berief die Bürger-Organisation einen »Kriegsrat«, um den »Boss-Krieg« anzuführen. Ich wurde zum Vorsitzenden gewählt. (...)

Um einen wirksamen Streik des Viertels gegen Boss zu führen, mußte nicht allein die Zurückhaltung aufgegeben, sondern eine schon aufgebrachte Bevölkerung weiter angetrieben werden. Während es keinen Zweifel gab, daß dies innerhalb von 24 Stunden geleistet werden konnte, hatten wir ernste Sorgen, ob das Viertel, sobald es derart angeheizt wäre, unter Kontrolle gehalten werden könnte und sich nicht auf Gewaltakte einlassen würde, die letztlich der Bürger-Organisation schadeten. (...)

Im Bewußtsein dessen begannen wir mit einem Hinhaltemanöver. Ausschlaggebend dafür war der Gedanke, daß mit der Zeit die Gemüter beruhigt werden und das durch eine Verzögerung die Gefahr möglicher direkter gewaltsamer Aktionen durch die Bevölkerung verringert würde.

Bei dem unerhörten Feuer, Eifer und Zorn auf seiten der Bürger-Organisation, die in gefährlichem Maß entflammt waren, schien es nur einen Weg zu geben, dies zu kontrollieren und sicher in einer sorgsam durchdachten strategischen Kampagne münden zu lassen, die zum Sieg führen würde: noch verbitterter und noch bestimmter als alle anderen aufzutreten und dann zu sagen, »Folgt mir«, und sie in ruhigere Gewässer zu lotsen. (...) Mit anderen Worten: wir wollten einen unblutigen Sieg.

Wir entschlossen uns, die Strategie der Kampagne an der einen großen Schwäche von Boss anzuknüpfen: seiner überlegenen, arroganten Art, mit Menschen umzugehen. Und da Boss den Kampf führen würde, ohne sich an irgendwelche Regeln zu halten, wollten wir dies auch.

Die Bürger-Organisation veranstaltete am 15. Dezember eine Versammlung und verlangte vom »Kriegsrat« Aktionen. Als wir verkündeten, die Zeit dazu sei gekommen, konnte man in den Gesichtern aller Anwesenden große Erleichterung feststellen. Ich mußte erkennen, welche Anstrengungen es sie gekostet haben mußte, bei unserer vorangegangenen Hinhaltetaktik mitzumachen. Alle fingen auf einmal an, durcheinander zu reden: »Endlich, jetzt sind sie dran.« – »Was ich nicht verstehe, ist, warum habt ihr solange gewartet.« – »Jetzt aber los, jetzt aber los, kommt!«

Wir diskutierten einige Zeit, wie der erste Schuß abgefeuert werden sollte, und einigten uns schließlich, uns wie ein Bürger-Gericht zu verhalten und Boss die Möglichkeit zu geben, seine Sicht des Falls darzulegen. Dann könnte uns keiner beschuldigen, sie anzugreifen, ohne sie angehört zu haben. Nachdem wir das beschlossen hatten, versuchten wir, mit dem Präsidenten der Boss Company zu sprechen, aber seine Sekretärin ließ uns abweisend wissen, er sei in einer Konferenz. Die hochnäsigen Boss-Bosse verhielten sich so, wie wir uns das vorgestellt hatten. »Wenn sie so weitermachen«, dachten wir uns, »werden wir gewinnen.« Nachdem wir vergeblich versucht hatten, sie telefonisch zu erreichen, entschieden wir uns, ein Telegramm zu schicken, daß dem Präsidenten der Boss Company persönlich übermittelt werden sollte. Das Telegramm hatte folgenden Wortlaut:

»Heute nachmittag wurde bei der Sekretärin des Präsidenten von Boss folgende Nachricht hinterlassen: Im Namen der Bürger-Organisation, die alle Kirchen, Vereine und Verbände in Across the Tracks vertritt, wenden wir uns an Sie. Von unseren Mitgliedern sind wir aufgefordert worden, dem gegenwärtigen Streik in ihrem Kaufhaus auf den Grund zu gehen. Sie oder einer Ihrer Vertreter werden ersucht, morgen um 14.00 Uhr in der Community Hall der Across-the-Tracks-Organisation zu erscheinen. Es war und es wird die Politik der Across-the-Tracks-Organisation sein, eine faire Anhörung beider Seiten durchzuführen, bevor Schritte unternommen werden.

Kriegsrat und Bürger-Gericht der Across-the-Tracks-Organisation«

Dieses Telegramm an den Präsidenten von Boss forderte ihn zum Erscheinen auf, um das Anliegen seines Unternehmens gegen die Streikenden zu vertreten. Wir informierten ihn, daß nach der Anhörung der Bürger-Organisation eine Entscheidung gefällt und dementsprechende Schritte eingeleitet werden sollten. Boss wies empört die Einladung zurück und beschwerte sich hysterisch: »Bürger-Gerichte, das gibt's in Rußland! Wir leben in den Vereinigten Staaten von Amerika. Wir glauben an das amerikanische Recht, nicht an Bürger-Gerichte.«

In Abwesenheit des Boss-Präsidenten führte der »Kriegsrat« der Across-the-Tracks-Organisaton seine Anhörung durch, ließ sich von der Gewerkschaft den Konflikt darstellen und entschied, die Streikenden zu unterstützen. Anschließend veröffentlichte er eine kurze Erklärung an die Adresse von Boss, ob das Unternehmen angesichts dieses Urteils irgendeinen Grund sähe, warum die Across-the-Tracks-Organisation keine Schritte unternehmen sollte, um ihrer Entscheidung Geltung zu verschaffen.

Innerhalb von einer Stunde war der Rechtsanwalt des Unternehmens am Telefon. Er bestand darauf, daß wir in sein Büro kommen sollten. Ich wollte das eigentlich ablehnen, aber bei einem flüchtigen Blick aus dem Fenster bemerkte ich ein stürmisches Schneetreiben – eine glänzende Gelegenheit, die Arroganz von Boss durch die Aufforderung zu demonstrieren, fünf Priester, drei Pfarrer, vier Geschäftsleute und drei Gewerkschaftsführer sollten durch den kalten Schneesturm stapfen, um einen einzigen Anwalt von Boss zu treffen! Außerdem würde er als Boss-Anwalt genau die richtige Bühne bieten, auf die man aus der Kälte kommt: wir, die erniedrigten Armen von Across the Tracks, erscheinen in einem großen Büro, dessen Einrichtung Tausende von Dollars gekostet hat. Ich nahm die Einladung an. Meine kühnsten Hoffnungen wurden übertroffen. Wir kamen aus dem Schnee in die luxuriösen Büroräume von Großkotz, Großkotz, Großkotz und Großkotz. Herr Großkotz machte einen furchtbaren Fehler, indem er versuchte, uns mit all seinem Reichtum und seiner Macht zu beeindrucken. Da es nicht genügend Stühle im Konferenzraum gab, schlug er einem der Priester vor, sich selbst einen Stuhl aus dem Vorraum zu holen. Das brachte das Faß zum Überlaufen. Es ging eigentlich nicht um diesen Vorfall selbst, aber das paßte genau in das Bild der Verachtung und Geringschätzung, das Boss und seine Vertreter dem kleinen Mann boten.

Während unserer Unterredung (...) verhielt sich Herr Großkotz herablassend. (...) Wütend sprang er auf und bellte: »Wollt ihr Leute mit euren Anspielungen die Integrität unseres Klienten Boss verletzen?« Wir lachten. Irgend jemand sagte: »Wir machen keine Andeutungen; wir sagen unsere Meinung.« Großkotz setzte sich und sah uns grimmig an. »Ich möchte Ihre Namen und Organisationen wissen«, sagte er und nahm einen Stift in die Hand. »Wofür?« fragten wir. »Für den Bericht«, erwiderte er. Ich trieb ihn in die Enge: »Was für einen Bericht?« Er errötete. »Den Bericht, wissen Sie, den Bericht!« »Ich weiß überhaupt nichts«, antwortete ich. Großkotz schaute finster drein. »Haben Sie Angst, mir Ihre Namen zu nennen?«

Ich dachte mir: »Nun, warum nicht? In diesem Kampf geht es um alles, und sofern Boss irgendwas mit den Namen anstellt, wird das höchstwahrscheinlich etwas sein, was für uns letztlich nur vorteilhaft sein kann, denn ausgehend von dem Scharfsinn, den sie bislang bewiesen haben, werden sie nichts Richtiges machen.« Wir gaben ihm unsere Namen und marschierten hinaus in den Schneesturm.

Am nächsten Morgen ging es los. Bewaffnete Schlägertrupps (...) tauchten in unserem Viertel auf und drohten denjenigen, die ihre Namen Großkotz gegeben hatten, Körperverletzungen und Schlimmeres an, falls sie sich nicht von der Sache distanzierten. In ihre dunklen Gewaltandrohungen schlossen sie Pfarrer und Priester ein und nannten sie namentlich. Gegenüber einzelnen Mitgliedern der Across-the-Tracks-Organisation wurden Äußerungen wie diese gemacht: »Wenn du gesund bleiben willst, dann hör' auf, mit Boss zu spielen!« Oder: »Wenn du weiter atmen willst, halt deinen Arsch aus der Schußlinie! Wir meinen es ernst.« Auf unsere Frage, woher sie unsere Namen hätten, erwiderten sie: »Ihr wißt verdammt genau, woher wir sie haben.«

Wir riefen Großkotz an, und er gab zu, die Namen weitergegeben zu haben (...). Wir erzählten ihm, was passiert war, und er entgegnete ruhig, dafür sei er nicht verantwortlich. Wir erwiderten: »Das glauben Sie! Hören Sie mal zu, Freundchen, wenn Sie ein Auto starten, einen Gang einlegen und dann rausspringen, dann sind Sie verantwortlich für das, was geschieht. Sie haben unsere Namen einer Bande von Killern gegeben, und was immer passieren mag, ist von jetzt an Ihre Verantwortung.«

»Warten Sie, warten Sie ...«, platzte er dazwischen. Seine Stimme hörte sich reichlich panisch an. Wir legten den Hörer auf.

An diesem Abend beschlossen wir, daß die Zeit zum Angriff da war. Die günstige Gelegenheit bot sich jetzt. Die Schnitzer der

Boss-Bosse hatten sie so verwundbar gemacht, daß mit einer bestimmten Strategie der Krieg gewonnen werden könnte, ohne daß es zu den verheerenden Folgen käme, die wir befürchtet hatten. Der richtige Augenblick zum Angriff war da, um sowohl den Krieg ohne einen Krieg zu gewinnen als auch unseren Leuten eine befriedigende Möglichkeit zu bieten, ihrem Dampf und ihren Aggressionen Luft zu machen. Wir entwickelten folgende Strategie, um dies zu erreichen: Zunächst wollten wir einen Angriff vorbereiten von solch verheerenden Ausmaßen und so teuflischer Art, daß er in jeder Hinsicht sogar Leute wie die Boss-Bosse schokkieren würde. Wir gestalteten das Bühnenbild dementsprechend. Ein Teil des Vorhangs sollte vorsichtig ein Stück weit vor den Spitzeln von Boss gelüftet werden, so daß Boss das gesamte Bühnenbild übermittelt würde, dabei davon ausgehend, daß es sich lediglich um das Vorgeplänkel handelte nach dem Motto: »Möge dir Gott helfen, sobald du weißt, was in der Schlacht wirklich auf dich zukommt«. Wenn wir Boss durch Drohungen und Abschreckung zur Kapitulation treiben könnten, hätten wir gesiegt. In diesem Fall würden die enormen Opfer eines langen Kampfes vermieden.

Wir fingen an, unser Gruselkabinett auf der Bühne aufzubauen. Zunächst handelten wir nach der Goldenen Regel: »Geh' mit Boss genauso um, wie Boss mit dir umgeht.« Wir gestalteten die Dramaturgie, um Boss als Verfechter einer totalitären Ideologie zu reizen, die ihren Ausdruck fand in niedrigen Löhnen, dem Einsatz von Gangstern und Killern und der mit dem Amerikanertum unvereinbaren Weigerung, die Rechte der Gewerkschaften anzuerkennen. Nach den Gewaltandrohungen gegen Mitglieder unserer Organisation, darunter Priester und Pfarrer, die an einem Sonnabend gemacht worden waren, bereiteten wir uns darauf vor, am Dienstag vor Gericht zu ziehen, um eine einstweilige Verfügung zu beantragen, die es Boss verbot, protestantische Pfarrer und katholische Priester zu ermorden. Wir rechneten uns keine Chancen aus, damit durchzukommen, trotzdem würde die Publizität, die mit unserer Aktion verbunden wäre, das Boss-Imperium völlig aus dem Geschäft werfen. Boss hatte uns die Trumpfkarte geschenkt. Diese und andere Boss-Schnitzer konnten wir uns zunutze machen, um ein furchtbares Frankenstein-Monster aufzubauen.

Die Inszenierung fand am Sonntag statt. Einem Boss-Spitzel gestatteten wir einen kurzen Blick hinter den Vorhang, wobei er erfuhr, daß am Dienstag um 10.00 Uhr die Stunde der Wahrheit schlagen würde. Die Würfel waren gefallen, und falls Boss nun nicht kapitulierte, käme es zu einem langen und blutigen Krieg. Am Montagabend ergab sich der Boss-Präsident bedingungslos. (...)

Nehmen wir einmal an, die Bürger-Organisation ist nicht in der Lage, mit gleichen Waffen zurückzuschlagen. Ein Führer einer Bürger-Organisation im Westen der USA macht die folgenden Anmerkungen über Taktiken in einem solchen Fall:

»Es gibt da eine Sache, die man immer im Kopf haben sollte, falls sich jemand in der Aufbauphase auf die Organisation stürzt, zu der Zeit, wo sie noch nicht sehr stark ist. Natürlich ist die Antwort einfach, wenn die Bürger-Organisation stärker als ihr Gegner ist: man zerschmettert die Opposition. Ist aber der Gegner stärker, kann man als erstes versuchen, durch ein Bündnis mit anderen Gruppen seine Stärke zu erreichen oder zu übertreffen. Sollte das aber nicht möglich sein und der Kampf mit einem Gegner, der weitaus stärker als man selbst ist, beginnen, kann ich nur eins dringend empfehlen: Wenn der Gegner anfängt, auf dich loszugehen nicht nur mit größerer Stärke, sondern auch mit einem Plan, der zwangsläufig zu deiner Niederlage führt, dann erinnere dich zunächst immer daran, daß du seinen Plan durchkreuzen mußt. Den Plan des Gegners zu vereiteln, ist keineswegs so schwierig, wie viele glauben. Jeder Schritt dieses Plans beruht auf Annahmen, welche Schritte du deinerseits unternimmst. Um es zu vereinfachen, versetzen wir uns in die Rolle eines Boxers: Er hat vor, deinen Magen zu treffen, damit du deine Deckung herunternimmst, und sobald du das getan hast, wird er dir ins Gesicht schlagen. Sobald er dich dort trifft und du die Deckung hochziehst, um dein Gesicht zu schützen, wird er dir in den Magen schlagen. Jeder Treffer, jeder Schritt beruht auf der Annahme, daß du in der vorausgesehenen Weise reagierst. Verhalte dich also nicht so, und die Pläne deines Gegners führen in die Sackgasse. Reagiere nicht in der üblichen, erwarteten Weise; verfolge keinen eigenen Plan. Begib dich in einen Zustand völliger Verwirrung, und ziehe deinen Gegner in den Strudel dieser Verwirrung. Zumindest hast du so eine Chance, die du nicht hättest in einem Kampf mit genau festgelegten Plänen und genau kalkulierbaren Kräften, bei dem die Kräfte des Gegners deinen weit überlegen sind.«

Konflikttaktiken II

Entweder werden wir einen Weg finden oder uns einen bauen.

Hannibal

Taktik bedeutet, das zu tun, was man kann, mit dem, was man hat. (...) In der Welt des Gebens und Nehmens ist Taktik die Kunst des richtigen Gebens und Nehmens. Wir wollen uns hier mit der Taktik des Nehmens beschäftigen, nämlich wie die Habenichtse den Besitzenden Macht nehmen.

Um ein wenig zu veranschaulichen, was Taktik ist, wollen wir das Gesicht nehmen; Augen, Ohren und Nase. Zunächst die Augen; wenn man eine große, mitgliederstarke Bürger-Organisation aufgebaut hat, kann man damit sichtbar vor dem Gegner protzen und offen die eigene Macht demonstrieren. Nun die Ohren; falls die Organisation noch klein sein sollte, muß man das tun, was Gideon tat: verheimliche die Zahl der Mitglieder, aber verursache einen Lärm und ein Geschrei, daß die Zuhörer glauben, daß deine Organisation größer sei, als sie tatsächlich ist. Schließlich die Nase; falls deine Organisation zu klein sein sollte, um Krach zu schlagen, verbreite überall einen Gestank wie die Pest.

Erinnere dich immer an die erste Regel der Macht-Taktiken: Macht ist nicht nur das, was du besitzt, sondern das, von dem der Gegner meint, daß du es hast.

Die zweite Regel lautet: Verlasse niemals den Erfahrungsbereich der eigenen Leute. Wenn eine Aktion oder eine Taktik außerhalb des Erfahrungsbereichs der Leute liegt, dann führt das zu Verwirrung, Angst und Zurückhaltung. Darüber hinaus hat es einen Zusammenbruch der Kommunikation zur Folge, wie wir bereits festgestellt haben.

Die dritte Regel ist: Wo immer es möglich ist, verlasse den Erfahrungsbereich des Gegners. Hier will man ja gerade Verwirrung, Angst und Zurückhaltung erreichen. (...)

Die vierte Regel ist: Zwinge den Gegner dazu, nach seinen eigenen Gesetzen zu leben. Damit kannst du ihn umbringen, weil er nie seinen eigenen Gesetzen gehorchen wie die Kirche nie dem christlichen Glauben gerecht werden kann.

Die vierte Regel beinhaltet schon die fünfte: Spott ist die stärkste Waffe des Menschen. Es ist fast unmöglich, gegen Spott anzukämpfen. Außerdem macht er den Gegner wütend, der dann zu deinem eigenen Vorteil reagiert.

Die sechste Regel heißt: Eine gute Taktik macht deinen Leuten Spaß. Wenn sich die Leute nicht gut amüsieren, stimmt irgend etwas nicht mit deiner Taktik.

Die siebte Regel: Eine zu schleppende Taktik wird schlapp. Der Mensch kann nur für eine begrenzte Zeit für eine bestimmte Sache ein kämpferisches Interesse entwickeln, danach wird alles zu einer rituellen Verpflichtung wie der Kirchgang am Sonntagmorgen. Da ständig neue Probleme und Krisen auftauchen, bekommt man dann zu hören: »Nun, ich stehe voll auf eurer Seite und unterstütze euch, aber schließlich gibt es noch andere wichtige Dinge im Leben« – und damit hat sich das.

Die achte Regel: Der Druck darf niemals nachlassen. Er muß durch verschiedene Taktiken und Aktionen aufrechterhalten werden, und alle Ereignisse, die sich für diesen Zweck bieten, müssen genutzt werden.

Die neunte Regel: Die Drohung hat in der Regel mehr abschreckende Wirkung als die Sache selbst.

Die zehnte Regel: Die wichtigste Voraussetzung für jede Taktik ist das Entwickeln einer Strategie, mit der ein konstanter Druck auf den Gegner ausgeübt wird. Nur der nie nachlassende Druck führt zu Fehlreaktionen des Gegners, die letztlich ausschlaggebend für den Erfolg der Kampagne sind. Man darf nie vergessen, daß nicht nur die Aktion einer Reaktion gleichkommt, sondern daß auch Aktion selbst eine Konsequenz der Reaktion ist und eine

Reaktion auf die Reaktion, und so geht das endlos weiter. Der Druck erzeugt die Reaktion, und konstanter Druck hält die Aktion in Gang.

Die elfte Regel ist: Wenn man etwas Negatives hart und lange genug vorantreibt, wird sein Gegenteil durchbrechen; dies beruht auf dem Prinzip, daß jedes Positiv ein Negativ besitzt. Wir haben bereits die Umkehrung des Negativen ins Positive bei Mahatma Gandhis Strategie des passiven Widerstandes gesehen. (...)

Die zwölfte Regel: Der Preis für einen erfolgreichen Angriff muß eine konstruktive Alternative sein. Wir dürfen nicht riskieren, uns durch plötzliche Zugeständnisse des Gegners in eine Falle locken zu lassen und zu sagen: »Sie haben recht – wir wissen nicht, wie wir das Problem lösen sollen. Nun erzählen Sie uns mal, was Sie dazu meinen.«

Die dreizehnte Regel: Wähle eine Zielscheibe, nagle sie fest, personalisiere sie und schieße dich auf sie ein.

Bei der Konflikttaktik gibt es bestimmte Regeln, die der Organisator immer als allgemeingültig ansehen sollte. Eine davon ist, daß man aus der Opposition eine Zielscheibe auswählen und festnageln muß. Damit meine ich: In einer komplexen, verflochtenen, verstädterten Gesellschaft wird es immer schwieriger, den Verantwortlichen auszumachen, der für einen bestimmten Mißstand die Schuld trägt. Ständig werden die Verantwortlichkeiten, sogar mit einer gewissen Berechtigung, hin- und hergeschoben. In unserer Zeit der Verstädterung, der komplizierten Behördenapparate, der miteinander verflochtenen Konzerne und der Verschachtelung politischen Lebens zwischen Städten, Landkreisen und Bundesstaaten ist das Problem, das sich immer drohender abzeichnet, den Gegner zu identifizieren. (...) Bei einem Konzern kann es passieren, daß der Präsident des Konzerns sagt, er trüge nicht die Verantwortung, sondern der Aufsichtsrat. Der Aufsichtsrat schiebt der Aktionärsversammlung den Ball zu, und so weiter und so weiter. (...)

Wir sollten immer im Hinterkopf haben, daß die Zielscheibe immer die Verantwortung abwälzen will, um sich aus dem Schußfeld zu bringen. Es gibt da ein ständiges Ausweichen und Gerangel und auch Strategien – sinnvolle, manchmal boshafte, manchmal aber nur welche, um zu überleben – von demjenigen, den man als Zielscheibe ausgewählt hat. Die Kräfte der Veränderung müssen sich dessen bewußt sein und die Zielscheibe sicher festnageln. Wenn eine Organisation es zuläßt, daß die Verantwortlichkeiten in alle Richtungen verstreut und verteilt werden, wird ein Angriff unmöglich. (...)

Ein Kriterium für die Auswahl einer Zielscheibe ist ihre Verwundbarkeit – haben wir genug Kraft, um sie zu treffen? Überdies kann jede Zielscheibe sagen: »Warum zielen Sie gerade auf mich? Es gibt doch genug andere, die genauso verantwortlich sind.« Wenn man eine Zielscheibe festnagelt, läßt man – für einen Augenblick – diese Argumente und alle anderen Schuldigen außer acht.

Dann, wenn du dich einschießt und deine Zielscheibe festnagelst und deinen Angriff durchführst, kommen »die anderen« sehr schnell aus dem Dickicht heraus. Daß sie die Zielscheibe unterstützen, wird so deutlich.

Der andere wichtige Punkt bei der Auswahl der Zielscheibe ist die Notwendigkeit der Personifizierung, denn man darf nicht etwas Allgemeines, etwas Abstraktes wie die Rassendiskriminierung einer Gemeinde oder eines größeren Konzerns oder der Stadtverwaltung anprangern. Es ist nicht möglich, die notwendige Feindseligkeit gegen, sagen wir mal, die Stadtverwaltung zu entwickeln, die ja schließlich ein zusammengeballtes, lebloses Gebilde ist, oder gegen einen Konzern, der keine Seele oder Identität besitzt, oder gegen eine Schulbehörde, die wiederum ein lebloses System ist.

John L. Lewis, der Führer der radikalen CIO-Gewerkschaft in den dreißiger Jahren, war sich dessen sehr bewußt, und deshalb griff die CIO niemals General Motors an, sondern immer seinen Präsidenten Alfred Sloan, der »Eiswasser in seinen Venen hatte«. Sie griffen nicht die Republic Steel Corporation an, sondern ihren Präsidenten Tom Girdler »mit den blutigen Händen« (...). Lasse dich nie von deiner Zielscheibe abbringen.

Mit der Konzentration auf sie kommt die Polarisation. Wie ich schon angedeutet habe, müssen alle Probleme polarisiert werden, wenn Aktionen folgen sollen. Die klassische Bemerkung über

Polarisation stammt von Jesus: »Wer nicht mit mir ist, der ist wider mich« (Lukas 11, 23). Etwas dazwischen hat er den Wechslern im Tempel nicht zugestanden. Entschlossen kann nur handeln, wer überzeugt ist, daß die Engel auf der einen und die Teufel auf der anderen Seite stehen. Ein Führer, der um eine Entscheidung kämpft, mag die Vor- und Nachteile einer Situation, die zu 52 Prozent positiv und zu 48 Prozent negativ sind, abwägen, aber sobald die Entscheidung getroffen ist, muß er davon ausgehen, daß seine Sache 100prozentig positiv ist und die des Gegners 100prozentig negativ. Er kann sich doch nicht ewig im Kreis drehen und eine Entscheidung vermeiden. Er kann doch nicht endlos alle Argumente abwägen und über sie nachdenken – er muß sich entscheiden und handeln. Sonst gelten Hamlets Worte:

> Der angebornen Farbe der Entschließung
> Wird des Gedankens Blässe angekränkelt;
> Und Wagestücke hohen Flugs und Werts,
> Durch diese Rücksicht aus der Bahn gelenkt,
> Verlieren so der Handlung Namen. (...)

Die Bedeutung der Polarisation hat Ruth McKenney in »Industrial Valley«, ihrer klassischen Studie über die Anfänge der Organisation der Gummi-Arbeiter in Akron (Ohio), ausgezeichnet veranschaulicht:

(John L.) Lewis sah den Arbeitern von Akron ruhig ins Auge. Er hatte sich die Mühe gemacht, sich mit genauen Informationen über die Gummi-Industrie und die Goodyear Tire and Rubber Company vorzubereiten. Er hielt keine vage, allgemein bleibende Rede, wie es die Gummi-Arbeiter von Green (dem Präsidenten des AFL-Gewerkschaftsbundes) gewohnt waren. Lewis nannte Namen und führte Zahlen an. Seine Zuhörer wurden aufgerüttelt und zeigten sich begeistert, als er Cliff Slusser beim Namen nannte, ihn beschrieb und öffentlich an den Pranger stellte. Die AFL-Führer, die in jenen Tagen nach Akron kamen, erinnerten sich höchstens daran, wer Paul Litchfield war.

Lewis' Rede war ein Schlachtruf, ein Aufruf. Er fing damit an, die horrenden Profite der Gummi-Industrie zu nennen, die sie selbst in den schlimmsten Zeiten der Großen Depression hatte einstreichen können. Er erwähnte Goodyears Personalpolitik und zitierte Litchfields fromme Meinung über die Partnerschaft von Kapital und Arbeit.

»Was«, sagte er mit seiner tiefen, zornigen Stimme, »haben die Goodyear-Arbeiter vom Wachstum des Konzerns gehabt?« Die Zuhörer rutschten auf ihren Sitzen hin und her, gespannt wie ein Flitzbogen.

»Partnerschaft!« spöttelte er. »Nun, theoretisch mögen Arbeit und Kapital Partner sein, aber in Wirklichkeit sind sie Gegner.«

... Die Gummi-Arbeiter hörten verwundert und mit großer Begeisterung zu. William Green sprach gewöhnlich über die Partnerschaft von Kapital und Arbeit genauso beredt zu ihnen wie Paul Litchfield. Hier hatte ein Mann Tatsachen in Worte - welch überzeugende und gebildete und sogar gewählte Worte - gefaßt, von denen sie wußten, daß sie ihren eigenen Erfahrungen entsprachen. Hier sagte ein Mann Dinge, die für einen Arbeiter an einer Reifen-Maschine bei Goodyear einen Sinn hatten.

»Organisiert euch!« schrie Lewis, und seine Stimme hallte in der Fabrikhalle wider. »Organisiert euch!« rief er und haute auf das Rednerpult, bis es wackelte. »Organisiert euch! Geht zu Goodyear und fordert einen Teil der Dividenden. Sagt denen, wir sind doch Partner, oder? Wir sind es nicht. Wir sind Feinde.«

● Die eigentliche Aktion besteht in der Reaktion des Gegners.
● Ein richtig gereizter und in seinen Reaktionen gelenkter Gegner wird zu unserer größten Stärke.
● Taktiken erfordern - wie die Organisation, wie das Leben -, daß man sich mit der Aktion fortbewegt.

Der Schauplatz ist Rochester im Bundesstaat New York, die Heimat von Eastman Kodak - oder besser Eastman Kodak, die Heimat von Rochester, New York. Rochester wird buchstäblich von diesem Industriegiganten beherrscht. Daß einer Kodak bekämpfen oder öffentlich herausfordern könnte, liegt an sich völlig außerhalb des Erfahrungsbereichs Rochesters. Selbst bis zum heutigen Tag gibt es noch keine Gewerkschaft im Konzern. Gemessen an der Einstellung Kodaks der Öffentlichkeit gegenüber nimmt sich ein bevormundender Feudalismus wie soziale Mitbestimmung aus.

Rochester rühmte sich damit, eine der kulturellen Kronjuwelen der USA zu sein; es besaß Bibliotheken, Schulen aller Art, Universitäten, Museen und sein bekanntes Symphonie-Orchester. (...) Aus dem schwarzen Getto Rochesters kam die Einladung an mich, es zu organisieren. Sobald mein Name erwähnt wurde, war die Stadt in hellem Aufruhr. Was immer ich machte, sorgte für Nachrichten. Sogar mein alter Freund und Lehrer John L. Lewis rief mich an und knurrte ironisch: »Ich nehme es dir sehr übel, daß du in Rochester noch verhaßter bist, als ich es war.« Das war die Ausgangslage.

Als ich eines der ersten Male auf dem Flughafen ankam, wurde ich von Reportern umringt. Die erste Frage war, was ich von Rochester als Stadt hielte, und ich antwortete: »Sie ist doch nichts anderes als eine riesige Sklavenkolonie, die man aus dem Süden hierher verpflanzt hat.« Auf die Frage, warum ich mich im schwarzen Getto »einmischen« wollte nach »allem«, was Eastman Kodak für die Schwarzen getan hätte (es hatte blutige Unruhen gegeben, die Nationalgarde war eingeschritten im letzten Sommer und so weiter), schaute ich verdutzt und erwiderte: »Vielleicht bin ich ein Naivling und weiß nicht, was hier los ist, aber soweit mir bekannt ist, hat Eastman Kodak nur eins in der Rassenfrage in den USA gemacht, den Farbfilm eingeführt.« Kodak reagierte empört, wütend und verärgert. Sie waren nicht angegriffen oder beleidigt worden – sie waren lächerlich gemacht worden, und dies war unerträglich. Es war der erste Pfeil, der auf den großen Bullen abgefeuert worden war. Bald würde Eastman so außer sich sein, daß sie zu Angriffen verleitet würden, die sie selbst zu Fall brächten. (...)

Man sollte sich immer daran erinnern, daß man dem Gegner ungestraft drohen kann. Man kann ihn beleidigen und verärgern, aber eines wird er nicht verwinden und ihn mit Sicherheit zum Reagieren bringen: wenn man ihn auslacht. Dies ruft eine irrationale Wut hervor.

Ich möchte mich mit genauen Anweisungen für diese Taktik zurückhalten. Ich erinnere mich noch an schlechte Erfahrungen, die ich mit meinem Buch »Reveille for Radicals« gemacht habe, in dem ich eine Reihe von besonderen Aktionen und Taktiken aufgezählt habe, die bei der Organisation von Stadtvierteln angewandt wurden. Nachdem das Buch erschienen war, erhielt ich eine ganze Zeitlang Berichte, daß Möchte-gern-Organisatoren es als Handbuch benutzten. Immer, wenn sie nicht mehr weiter wußten, zogen sie sich in eine stille Ecke zurück und blätterten herum, um eine Antwort zu finden. Es gibt keine Rezepte für besondere Situationen, weil sich ein und dieselbe Situation niemals wiederholt, ebensowenig wie sich die Geschichte wiederholt. Menschen, Druck und Machtverhältnisse sind veränderliche Größen, und eine bestimmte Konstellation existiert nur zu einem bestimmten Zeitpunkt, selbst dann befinden sich die veränderlichen Größen konstant im Fluß. Taktiken müssen als spezielle Anwendung der Regeln und Prinzipien, die ich zuvor aufgeführt habe, verstanden werden. Es geht um die Prinzipien, die der Organisator im Kampf berücksichtigen sollte. Phantasievoll werden sie von ihm angewandt, und er bezieht sie klug auf konkrete Situationen.

Zum Beispiel habe ich mehrmals betont, was Taktik bedeutet: das zu tun, was man kann, mit dem, was man hat; und daß Macht sich hauptsächlich immer bei denen ansammelt, die Geld besitzen, und bei denen, denen Menschen folgen. Die Mittel der Habenichtse sind erstens kein Geld und zweitens jede Menge Menschen. Gut, hiervon wollen wir ausgehen. Die Menschen können ihre Macht bei Wahlen demonstrieren. Wie noch? Nun, sie besitzen ihren Körper. Wie können sie ihn gebrauchen? Alle möglichen Ideen tauchen jetzt auf. Nutzt die Macht des Gesetzes, um das Establishment zur Einhaltung seiner eigenen Regeln zu zwingen. Verlasse den Erfahrungsbereich des Gegners; bleibe im Erfahrungsbereich deiner Leute. Lege Wert auf Taktiken, die deinen Leuten Spaß bringen. Die Drohung ist gewöhnlich abschreckender als die Aktion selbst. Sobald sich all diese Regeln und Prinzipien in deinen Kopf gefressen haben, werden sie zu einer Synthese.

Ich schlug vor, daß wir einhundert Karten für ein Konzert des Rochester Symphonie-Orchesters kaufen sollten. Wir würden ein Konzert mit einer relativ ruhigen Musik auswählen. Die einhundert Schwarzen, die die Karten erhielten, müßten drei Stunden vor dem Konzert zu einem Essen im Viertel eingeladen werden, bei dem sie nichts anderes als Bohnen vorgesetzt bekämen, und zwar jede Menge; danach würden die Leute ins Konzert gehen – mit den vorhersehbaren Folgen. Stellen Sie sich vor, was sich abgespielt hätte! Das Konzert wäre schon vor dem ersten Satz beendet!

Wir wollen diese Taktik anhand der oben genannten Prinzipien untersuchen.

Zunächst wäre die Störung völlig außerhalb des Erfahrungsbereichs des Establishments, das ihm Vertrautes wie Kundgebungen, Demonstrationen, Konfrontationen und Aufmärsche erwartete. Nicht einmal in seinen wildesten Befürchtungen hätte es an einen Angriff auf sein hochgeschätztes kulturelles Kleinod gedacht, sein berühmtes Symphonie-Orchester. Zweitens würde die ganze Aktion das Gesetz lächerlich und zu einer Farce machen, weil es kein Gesetz gibt, und wohl auch nie geben wird, das natürliche Körperfunktionen verbietet. Hier hätte man eine Mischung aus Tönen und Geruch, die als natürliche Stinkbombe bezeichnet werden könnte. Normale Stinkbomben sind illegal und führen zur sofortigen Festnahme, aber in diesem Fall könnten die Polizei oder die Platzanweiser oder irgendwelche anderen Diener des Establishments absolut nichts dagegen unternehmen. Das Gesetz wäre völlig unwirksam gemacht worden.

Alle Leute hätten darüber geredet, was im Konzertsaal passiert wäre, und die Zuhörer sich krumm und schief gelacht. Das Rochester Symphonie-Orchester und das Establishment wären furchtbar lächerlich gemacht worden. Es gäbe für die Obrigkeit keine Möglichkeit, mit zukünftigen Attacken ähnlicher Art fertig zu werden. Was sollten sie tun? Verlangen, daß die Leute keine Bohnen essen, bevor sie ein Konzert besuchen? Jedem verbieten, einem natürlichen Druck während des Konzerts nachzugeben? Der Welt verkünden, daß Konzerte nicht durch Furzen gestört werden dürfen? Das hätte die Zukunft der Symphoniekonzerte zerstört. Stellen Sie sich die Spannung zu Beginn eines jeden Konzerts vor! Stellen Sie sich die Gefühle des Dirigenten vor, wenn er den Taktstock hebt!

Dies fände einen bestimmten Niederschlag. Am nächsten Morgen würden die Matronen, für die die Symphoniekonzerte eine der wichtigsten sozialen Ereignisse darstellen, ihren Ehemännern (leitende Angestellte und Geschäftsführer) am Frühstückstisch entgegentreten und sagen: »John, wir lassen uns unsere Symphoniekonzerte nicht von diesen Leuten ruinieren! Ich weiß nicht, was sie wollen, aber was immer es ist, irgendwas muß geschehen, und diese Dinge müssen aufhören!«

Schließlich haben wir die allgemeingültige Regel, daß man einerseits den Erfahrungsbereich des Gegners verlassen muß, um für Verwirrung und Angst zu sorgen, andererseits aber das gleiche mit den eigenen Leuten nicht machen darf, weil man sie nicht verwirren und ängstlich machen will. Wir wollen diese Regeln anhand der Symphoniekonzert-Taktik überprüfen. Zunächst einmal befindet sich die Taktik im Erfahrungsbereich der örtlichen Bevölkerung; außerdem wird eine andere Regel befolgt: daß die Leute bei der Taktik Spaß haben. Allerdings befinden wir uns in einer zwiespältigen Situation. Die Reaktion der Schwarzen im Getto – ihr Gelächter, als die Taktik vorgeschlagen wurde – machte deutlich, daß die Taktik, zumindest in ihrer Phantasie, innerhalb ihrer Erfahrungsbereiche lag. Sie kam ihrem Haß auf die Weißen entgegen. Eines wollen alle unterdrückten Menschen mit ihren Unterdrückern tun: auf sie scheißen. Aber wir waren uns bewußt, daß sie, wenn sie dann im Konzertsaal sind, höchstwahrscheinlich das erste Mal in ihrem Leben, plötzlich inmitten von Weißen sitzen, viele von ihnen in Abendgarderobe. Diese Situation wäre so weit außerhalb ihres Erfahrungsbereichs, daß sie erstarren und in ihre alte Rolle zurückfallen könnten. Die eigentliche Idee, die sie ausführen wollten, wäre so peinlich, so demütigend, daß sie nichts unversucht gelassen hätten, um zu vermeiden, daß der Plan verwirklicht wird. Wir wußten aber auch, daß die Bohnen sie körperlich zwängen, die Taktik durchzustehen, ohne Rücksicht auf ihre Gefühle.

Ich muß betonen, daß Taktiken wie diese nicht besonders nett sind; jeder Organisator weiß, da eine besondere Taktik aus den Regeln und Prinzipien der Revolution erwächst, daß er immer den Vorzug der Taktik analysieren und ihre Stärken und Schwächen im Sinne der gleichen Regeln einschätzen muß.

Stellen Sie sich die Szene in dem US-Gerichtssaal in Chicago vor, wo vor kurzem sieben des Hochverrats angeklagt waren, wenn die Beschuldigten und ihre Verteidiger ihrer Mißachtung des Richters Hoffman und des Systems durch anales Trompeten Ausdruck gegeben hätten. Was hätten Richter Hoffman, die Gerichtsdiener oder irgend jemand sonst machen können? Würde der Richter sie wegen Mißachtung des Gerichts durch Furzen für schuldig befinden? Dies wäre eine Taktik, für die es keinen juristischen Präzedenzfall gegeben hätte. Die Presseberichte hätten den Richter zeit seines Lebens zum Stinktier gemacht.

Eine andere Taktik, die die Körperfunktionen betraf, wurde in Chicago während des Johnson-Goldwater-Wahlkampfes entwikkelt. Versprechungen, die von der Stadtverwaltung der Organisation im Woodlawn-Getto gemacht worden waren, wurden nicht eingehalten. Die politischen Drohungen, die ursprünglich diese Versprechungen erzwungen hatten, waren wirkungslos geworden. Die Bürger-Organisation besaß keine andere Alternative. Sie mußte den Demokraten Johnson unterstützen, und deshalb glaubte die von den Demokraten beherrschte Stadtverwaltung, daß sich die politische Bedrohung verflüchtigt hätte. An dieser Stelle müssen wir uns daran erinnern, daß der Druck nicht nur von entscheidender Bedeutung ist, um vom Establishment erste Zugeständnisse zu erzwingen, sondern daß der Druck aufrechterhalten werden muß, damit das Establishment sein Wort hält. Es schien, als habe die Woodlawn-Organisation diese Fähigkeit verloren.

Da die Organisation auf politischem Gebiet blockiert war, mußten neue Taktiken und ein neues Kampffeld gefunden werden. Der O'Hare Airport wurde zur Zielscheibe. Man muß wissen, daß O'Hare der Flughafen mit den meisten Starts und Landungen der Welt ist. Für einen Moment müssen wir uns in die Situation eines Flugreisenden hineinversetzen: Die Stewardeß bringt Ihnen Ihr Mittag- oder Abendessen. Nach dem Essen wollen die meisten auf die Toilette. Aber das ist oft sehr umständlich wegen Ihres Tabletts und der neben Ihnen Sitzenden, die mit ihrem Geschirr beladen sind. Deshalb warten Sie, bis die Stewardeß die Tabletts abräumt. Währenddessen haben sich die, die der Toilette am nächsten sitzen, auf den Weg gemacht, und das Besetzt-Zeichen leuchtet auf. Also warten Sie. Und in diesen Zeiten kurzer Flugreisen dauert es nicht lange, bis es heißt: »Bitte schnallen Sie sich an! Wir befinden uns im Landeanflug.« Sie entscheiden sich, bis nach der Landung zu warten und die Örtlichkeiten im Flughafengebäude zu benutzen. Jeder, der ankommende Passagiere auf einem Flughafen beobachtet, wird das feststellen: viele marschieren schnurstracks auf die Toiletten zu.

Dies wissend lag unsere Taktik auf der Hand: wir legen die Toiletten lahm. Um in die WCs zu kommen, mußte man zehn Cents einwerfen, eintreten, die Tür abschließen – und konnte den ganzen Tag drin bleiben. Insofern war die Besetzung der WCs kein Problem. Nur relativ wenige waren nötig, die diese Örtlichkeiten aufsuchten, bewaffnet mit Büchern und Zeitungen, sich einschlossen und alles blockierten. Was sollte die Polizei unternehmen? Die Türen aufbrechen und einen Beweis für die Dringlichkeit des Geschäfts verlangen? Deshalb könnten die WCs völlig lahmgelegt werden; das einzige Problem wären die Pissoirs in den Männertoiletten. Dies könnte ebenfalls gelöst werden, indem Gruppen auf dem Flughafen von einem Örtchen zum anderen zögen und die Pissoirs besetzt hielten, je nachdem, auf welchem Flugsteig gerade Passagiere ankämen. Wir erstellten eine genaue Untersuchung darüber, wie viele WCs es für Männer und Frauen sowie Pissoirs auf dem gesamten O'Hare Airport gab und wie viele Männer und Frauen nötig wären, um das erste »Shit-in« in den Vereinigten Staaten zu veranstalten.

Die Folgen einer solchen Aktion wären in mancher Hinsicht katastrophal. Leute würden verzweifelt nach einem stillen Örtchen suchen. Man kann sich das Geschrei der Kinder vorstellen: »Mami, ich muß unbedingt mal Pipi machen«, und verzweifelte Mütter, die kapitulieren: »Na gut. Wenn du's nicht mehr aushalten kannst, dann mach's hier.« O'Hare würde schnell von einem wüsten Durcheinander beherrscht sein. Es würde sich etwas Unglaubliches abspielen und das ganze Land lachen und spotten. Die Londoner »Times« würde wahrscheinlich auf der Titelseite darüber berichten. Für die Stadtverwaltung wäre das zu einer großen Demütigung und Peinlichkeit geworden. Es hätte vielleicht einen derartigen Notstand ausgelöst, daß die Maschinen nicht eher hätten wieder starten können, bis die Passagiere zurück an

Bord gekommen wären, um die Toiletten der Flugzeuge zu benutzen.

Die Androhung dieser Taktik ließen wir zur Stadtverwaltung durchsickern, und innerhalb von 48 Stunden befand sich die Woodlawn-Organisation in Verhandlungen mit den Behörden, die zusicherten, ihre Versprechungen zu erfüllen, und die nicht verstehen wollten, wie man je auf die Idee kommen könnte, daß ein Versprechen von seiten des Chicagoer Rathauses nicht eingehalten würde. Seitdem ist niemals öffentlich erwähnt worden, welche Bedrohung die O'Hare-Taktik darstellte. Nur wenige Mitglieder der Woodlawn-Organisation wußten, wie nahe sie daran waren, Geschichte zu machen.

Mit dem allgemeingültigen Prinzip, daß die richtigen Dinge immer aus den falschen Gründen getan werden, und der taktischen Regel, daß sich das Negative zum Positiven wendet, werden die folgenden Beispiele verständlich.

Das organisierte schwarze Getto im Woodlawn-Viertel in Chicago hatte anfangs den Kampf gegen die Besitzer der Häuser im Slum aufgenommen. Es demonstrierte nie vor den Slum-Häusern oder den Büros der Besitzer. Die schwärzesten Schwarzen wurden ausgewählt und mit Bussen in die schneeweißen Vororte gebracht, wo die Slum-Hausbesitzer lebten. Ihre Schilder, auf denen stand: »Wußten Sie, daß Jones, Ihr Nachbar, ein Slum-Hausbesitzer ist?«, waren im Grunde belanglos; worum es ging, war, daß Jones mit Telefonanrufen seiner Nachbarn eingedeckt werden sollte.

Jones: »Bevor Sie irgend etwas sagen, möchte ich Ihnen versichern, daß auf diesen Schildern nur ein Haufen von Verleumdungen steht!«

Nachbar: »Sehen Sie, Jones, mir ist das scheißegal, womit Sie Ihr Geld machen. Hauptsache, Sie sehen zu, daß diese verdammten Nigger hier abhauen! Sonst müssen Sie hier verschwinden.«

Jones kam raus und gab nach.

Der Druck, den wir ausüben konnten und der uns eine positive Macht gab, war das Negative des Rassismus in einer weißen Gesellschaft. Wir nutzten ihn für unsere Zwecke aus.

Nehmen wir eines der negativen Klischees, die so viele Weiße von Schwarzen haben: daß Schwarze nur rumsitzen und Wassermelonen essen. Angenommen, 3 000 Schwarze überfallen plötzlich einen Teil des Stadtzentrums, jeder bewaffnet mit und schmatzend an einem riesigen Stück Wassermelone. Dieses Spektakel wäre so außerhalb des Erfahrungsbereichs der Weißen, daß sie völlig entnervt und konfus wären. In ihrer Bestürzung, was die Schwarzen wohl vorhätten, würde das Establishment wahrscheinlich zum Vorteil der Schwarzen reagieren. Darüber hinaus würden die Weißen endlich die Absurdität ihres Klischees von schwarzen Angewohnheiten erkennen. Weiße fühlten sich ertappt und der Lächerlichkeit preisgegeben. Das wäre das Ende des Klischees vom Wassermelonen essenden Schwarzen. Ich glaube, die Stadtverwaltung würde sich umgehend mit den schwarzen Führern in Verbindung setzen und fragen, welche Forderungen sie erhöben, selbst wenn keine gestellt worden wären. Dies ist wiederum ein Fall, wo man das tut, was man kann, mit dem, was man hat. Ein anderes Beispiel dafür ist folgendes:

Ich hielt einen Vortrag in einem College einer sehr konservativen, fast fundamentalistischen protestantischen Kirche. Anschließend kamen ein paar Studenten in mein Motel, um mit mir zu reden. Ihr Problem war, daß es auf ihrem Campus stinklangweilig zuging. Ihnen war es nicht erlaubt, zu tanzen, zu rauchen oder Bier zu trinken. Ich hatte über Strategien der Gesellschaftsveränderung gesprochen, und sie wollten von mir wissen, welche Taktiken sie anwenden könnten, damit sich ihre Situation verbesserte. Ich erinnerte sie daran, daß Taktik bedeutet, das zu tun, was man kann, mit dem, was man hat. »Was habt ihr denn?« fragte ich. »Was erlauben sie euch?« Sie antworteten: »Fast nichts, wir können höchstens Kaugummi kauen.« Ich erwiderte: »Gut, dann wird Kaugummi zur Waffe. Ihr sorgt dafür, daß 200 oder 300 Studenten jeweils zwei Packungen Kaugummi bekommen, was ein ganzer Haufen ist. Dann laßt ihr sie die durchgekauten Dinger auf die Campus-Wege spucken. Dies wird ein absolutes Chaos verursachen. Denn mit 500 Packungen Kaugummi könnte ich Chicago lähmen, den ganzen Verkehr der Hochbahn stoppen.« Sie schauten mich an, als hätte ich nicht mehr alle Tassen im Schrank. Aber etwa zwei Wochen später erhielt ich einen begeisterten Brief, in dem es hieß: »Es hat geklappt! Es hat geklappt! Nun können wir fast alles machen, solange wir kein Kaugummi kauen.« (Zit. nach: Marion K. Sanders, The Professional Radical – Conversation with Saul Alinsky, New York 1965)

Wie die Slum-Hausbesitzer wurde eines der größten Kaufhäuser der USA durch folgende Bedrohungstaktik gefügig gemacht. Denken Sie an die Regel, daß die Drohung oftmals wirkungsvoller als die Aktion selbst ist. Das gilt aber nur, wenn man so gut organisiert ist, daß das Establishment weiß, daß man die Macht besitzt, die Drohung wahrzumachen, und dazu zweifelsohne bereit ist. In unserem Geschäft kann man die Gegenseite meist nicht ins Bockshorn jagen; falls sie einem jemals auf die Schliche kommt, daß man mit Bluffs arbeitet, sollte man es unterlassen, in Zukunft solche Drohungen auszusprechen. So etwas zieht nicht mehr.

Es gab also dieses Kaufhaus, das, wie konnte es anders sein, seinen Kunden anbot, die Waren nach Hause zu liefern. Es zog viele Käufer aufgrund seiner Markenwaren und der Qualität seines Angebots an. Deshalb wäre ein wirtschaftlicher Boykott erfolglos gewesen, um selbst die schwarze Mittelklasse vom Einkaufen dort abzuhalten. Damals war die Einstellungspraxis dieses Kaufhauses noch schlimmer als die aller anderen. Schwarze wurden nur für die niedrigsten Arbeiten angestellt.

Wir entwickelten eine Taktik. Wir wählten einen Samstag aus, an dem viel los sein würde. Ungefähr 3 000 Schwarze sollten mit Bussen in die Innenstadt gebracht werden, alle mit ihrer Sonntagskleidung an. Wenn man 3 000 Schwarze in das Erdgeschoß eines Kaufhauses steckt, selbst wenn es ein Riesenkomplex ist, dann ändert sich mit einem Schlag die gesamte Farbe des Kaufhauses. Jeder Weiße, der durch die Drehtüren käme, würde blöd glotzen und annehmen, er wäre irgendwie in Afrika gelandet. Er verließe auf der Stelle wieder das Kaufhaus, das an diesem Tag keine weißen Käufer hätte.

Für Leute mit geringem Einkommen ist Einkaufen eine zeitraubende Geschichte, denn auf Sparsamkeit kommt alles an. Das hieße, jede Theke würde von potentiellen Kunden belagert, die sorgfältig die Qualität der Waren prüften und sich in der Hemdenabteilung über den Stoff, die Farbe, den Zuschnitt, die Manschetten, den Kragen und den Preis erkundigten. Während die Gruppe, die den Verkäufer in der Hemdenabteilunng beschäftigt gehalten hätte, zur Abteilung Unterwäsche wechselte, käme von dort eine in die Hemdenabteilung, so daß das Personal des Kaufhauses ständig in Beschlag genommen wäre.

An dieser Stelle wollen wir einhalten, um die Taktik zu untersuchen. Sie ist ohne Frage legal. Ein Sit-in oder eine ungesetzliche Besetzung fände nicht statt. Einige tausend Menschen wollen »einkaufen«. Die Polizei ist machtlos, da sich alles im Rahmen des rechtlich Erlaubten abspielt.

Diese Sache ginge so weiter bis eine Stunde vor Ladenschluß. Dann würden alle jede nur sichtbare Ware bestellen, zahlbar erst bei der Lieferung ins Haus! Dies würde den Zustelldienst für mindestens zwei Tage lahmlegen, mit den naheliegenden weiteren erheblichen Kosten, die damit verbunden wären, denn alle Waren würden bei der Lieferung zurückgewiesen: Annahme verweigert.

Die Drohung wurde der Geschäftsleitung durch einen glaub- und »vertrauenswürdigen« Kanal zugespielt. Jede Organisation braucht zwei oder drei Lockspitzel, auf die das Establishment hört. Diese Lockspitzel sind von unschätzbarem Wert als »vertrauenswürdige« rückwärtige Verbindungen mit dem Establishment. Nachdem alle Pläne ausgearbeitet waren, begannen wir, eine Reihe von Komitees zu bilden: ein Transport-Komitee, das die Busse mieten sollte, ein Mobilisierungskomitee, das mit den Pfarrern zusammenarbeitete, damit deren Gemeindemitglieder zu den Bussen kämen, und andere Komitees mit besonderen Aufgaben. In zwei der wichtigsten Komitees steckten wir bewußt je einen dieser Lockspitzel, so daß sie sich gegenseitig zuarbeiten konnten. Wir wußten, daß unser Plan schnell dem Kaufhaus bekannt sein würde. Schon am nächsten Tag erhielten wir von dort einen Anruf. Man lud uns zu einem Gespräch über die neue Personalpolitik ein und ersuchte uns dringend, daß dieses Gespräch innerhalb der nächsten zwei oder drei Tage, zumindest aber vor Sonnabend stattfinden sollte!

Die Einstellungspraxis des Kaufhauses änderte sich drastisch. Über Nacht wurden 186 neue Stellen ausgeschrieben. Erstmals gab es Schwarze als Verkäufer und als kaufmännische Angestellte.

Diese Art der Taktik kann auch von der Mittelklasse angewendet werden. Organisiertes Einkaufen, Großbestellungen auf Rechnung ausliefern lassen und ihre Annahme verweigern, das verursacht zusätzliche Buchführungskosten für das angegriffene Unternehmen, das vor Wiederholungen nie gefeit wäre. (...) Man erreicht: 1. Einen Tag lang wird nichts verkauft. 2. Der Zustelldienst ist für zwei oder mehr Tage lahmgelegt. 3. Die Buchhaltung steht Kopf. Die Kosten sind für jeden Geschäftsmann ein Alptraum, und das Schwert des Damokles schwebt weiter über seinem Kopf. Die Mittelklasse muß ebenfalls lernen, den Gegner richtig einzuschätzen, und dazu imstande sein, ein Massen-Jiu-Jitsu, wie ich einmal die Taktik der Selbstverteidigung des Volkes ohne Waffen genannt habe, zu praktizieren, indem sie die Macht der einen Seite gegen die der anderen in der Machtstruktur ausnutzt.

Konkurrenz

Sobald wir die äußeren Reaktionen der Besitzenden auf die Herausforderungen durch die Habenichtse verstanden haben, können wir bei unserer Untersuchung einen Schritt weitergehen und die Machtverhältnisse unter den Besitzenden selbst analysieren.

Aber wir wollen uns zunächst etwas stärker in die Psyche dieses Goliaths hineinversetzen. Die Besitzenden verfügen über Macht und sind der Reihe nach machtbesessen. Besessen von der Angst, Macht zu verlieren, wird jede ihrer Bewegungen diktiert von der Vorstellung, sie zu behalten. Die Lebenseinstellung der Besitzenden ist, das zu wahren, was sie haben, und, wo immer es möglich ist, ihre Verteidigungsanlagen auszubauen.

Das eröffnet uns eine neue Perspektive: Es gibt nicht nur eine ganze Klasse, die darauf aus ist, ihre Macht zu behalten, und sich im ständigen Konflikt mit den Habenichtsen befindet; gleichzeitig gibt es innerhalb dieser Klasse Auseinandersetzungen. Macht ist nichts Starres; sie kann nicht eingefroren und konserviert werden wie Lebensmittel; sie wächst oder stirbt ab. Deshalb muß der Status quo mehr hergeben, um die Macht zu erhalten. Aber woher? Soviel kann man gar nicht aus den Habenichtsen herauspressen.

Also müssen sich die Besitzenden gegenseitig etwas wegnehmen. Sie befinden sich da auf einem Weg, auf dem es kein Zurück gibt. Dieser Macht-Kannibalismus der Besitzenden erlaubt nur kurze Atempausen, und nur dann, wenn man mit einem gleich starken Gegner konfrontiert ist. Doch selbst in diesem Fall kommt es regelmäßig zu Einbrüchen an der Front, weil einzelne Einheiten die allgemeine Bedrohung zu ihrem eigenen besonderen Vorteil zu nutzen versuchen. Hier liegt die Achilles-Ferse des Status quo.

Ich habe diese Lektion erstmals während der Depression in den dreißiger Jahren verstanden, als die Vereinigten Staaten einen revolutionären Aufstand in Form einer gewerkschaftlichen Massen-Organisationskampagne, bekannt als CIO, erlebten. Die CIO war der radikale Flügel der Arbeiterbewegung; sie trat für Industriegewerkschaften ein, während sich die konservative und veraltete AFL an die Berufsvereinigungen klammerte. Die Position der AFL schloß die Masse der Arbeiter aus den Gewerkschaften aus. Der Schlachtruf der CIO lautete: »Organisiert die Nicht-Organisierten!« Sehr schnell berührte diese Frage die riesige Automobilindustrie, in der es keine Einheitsgewerkschaften gab und die überhaupt nicht organisiert war. Der erste Angriff galt dem größten Imperium: General Motors. Ein Sitz-Streik gegen Chevrolet wurde organisiert. John L. Lewis, damals CIO-Führer, erzählte mir auf dem Höhepunkt des Sitz-Streiks, er hätte Gerüchte gehört, daß General Motors sich mit Ford und Chrysler zusammengesetzt habe, um ein Stillhalteabkommen auszuhandeln: »Wir von General Motors kämpfen für euch diesen Kampf gegen die CIO mit, denn wenn die CIO uns schlägt, dann seid ihr die nächsten, die dran sind, und nichts wird sie dann aufhalten können. Wir sind auch bereit, den Sitz-Streik der CIO bei Chevrolet so lange mitzumachen, bis ihnen der Arsch festfriert. Wir nehmen unsere ganzen Verluste hin, sofern ihr nicht die Produktion von Fords und Plymouths (den Chevrolet-Konkurrenten in der gleichen Preisklasse) steigert. Andererseits können wir nicht gegen die CIO durchhalten, wenn ihr eure Produktion anheizt, um alle potentiellen Chevrolet-Käufer, die keinen Chevrolet bekommen, mit euren Wagen zu beliefern.«

Lewis, der ein organisatorisches Genie mit einem seltenen Einblick in die Machtmechanismen des Status quo war, wischte dieses Gerücht mit einer Handbewegung vom Tisch. Es sei völlig egal, ob es der Wahrheit entspräche oder nicht, sagte er, weil sich weder Ford noch Chrysler die Chance entgehen lassen könnten, ihre Profite und ihre Macht zu steigern, so kurzsichtig das auch sein mochte.

Der gegenseitige Vernichtungskampf unter den Besitzenden zur Durchsetzung persönlicher Eigeninteressen ist genauso kurzsichtig wie der gegenseitige Vernichtungskampf unter den Habenichtsen. Ich habe in diesem Zusammenhang geäußert, daß ich einen Millionär an einem Freitag überzeugen könnte, eine für Samstag geplante Revolution zu unterstützen, die ihm am Sonntag riesige Gewinne einbrächte, wenngleich er sicher sein könnte, am Montag hingerichtet zu werden.

Sobald man diesen Machtkampf innerhalb des Status quo versteht, ist es möglich, Taktiken einzuschätzen, um ihn erfolgreich auszunutzen. Es ist traurig, die Dummheit unerfahrener Organisatoren zu erleben, die grobe Fehler machen, weil sie von alledem keinen blassen Schimmer haben.

Ein Beispiel dafür ereignete sich vor ein paar Jahren, als auf dem Höhepunkt der Bürgerrechtsbewegung bestimmte Führer in Chicago zu einem Boykott aller Kaufhäuser im Stadtzentrum während der Weihnachtszeit aufriefen. Der Boykott war ein verheerender Fehlschlag, und jeder erfahrene Revolutionär hätte das ohne weiteres voraussehen können. Jeder Angriff auf den Status quo muß die Stärke des Gegners gegen ihn selbst richten. Wir wollen diesen besonderen Boykott genauer untersuchen: Der Fehler war, zu versuchen, alle zu boykottieren statt einige. Wenige Liberale, weiße oder schwarze, würden auf sämtliche Weihnachtseinkäufe in den attraktivsten Einkaufsstätten verzichten. Selbst wenn es nicht zur Weihnachtszeit gewesen wäre, wissen wir, daß heutzutage ein totaler Verbraucherboykott nicht funktioniert. Die Arbeiterbewegung oder Demonstranten werden im allgemeinen von der Öffentlichkeit nur begrenzt unterstützt. Aber diese begrenzte Unterstützung kann man sich zunutze machen, wenn man nur ein Kaufhaus boykottiert. Wenn man seine Einkäufe zum gleichen

Preis in einem anderen Kaufhaus auf der gegenüberliegenden Straßenseite erledigen kann, wird eine bedeutende Zahl von Kunden auf die kleine Unannehmlichkeit, die die Demonstranten darstellen, reagieren; sie besitzen eine ganz einfache, gut sichtbare Alternative: sie werden die Straße überqueren. Das boykottierte Kaufhaus spürt dann die Macht seiner Gegner, wenn es erlebt, wie viele seiner Kunden zur Konkurrenz abwandern. (...)

Sich selbst erledigen

Die grundlegende Taktik in der Kriegführung gegen die Besitzenden ist ein politisches Massen-Jiu-Jitsu: die Habenichtse attackieren nicht stur die Besitzenden, sondern schlagen solch überlegte und geschickte Wege ein, daß die Überlegenheit der Besitzenden zu ihrem eigenen Unglück wird. Da sich zum Beispiel die Besitzenden als die Wächter von Verantwortungsbewußtsein, Moral, Gesetz und Gerechtigkeit brüsten (was sich oftmals nicht miteinander vereinbaren läßt), kann man sie ständig dazu zwingen, ihren eigenen Moralvorstellungen und Vorschriften gerecht zu werden. Keine Organisation, einschließlich der Kirchen, kann gemäß ihrer Grundsätze leben. Man kann sie mit ihren eigenen Gesetzbüchern erschlagen. Das wußte auch der große Revolutionär Paulus, als er an die Korinther schrieb: »welcher uns auch tüchtig gemacht hat zu Dienern des neuen Bundes, nicht des Buchstabens, sondern des Geistes. Denn der Buchstabe tötet, aber der Geist macht lebendig.« (2. Brief an die Korinther 3, 6)

Nehmen wir beispielsweise die Demonstrationen der Bürgerrechtsbewegung in Birmingham 1963, als Tausende schwarzer Kinder nicht zur Schule gingen, um an den Demonstrationen teilzunehmen. Die Schulbehörde Birminghams entstaubte ihr Buch mit den Erlassen und drohte damit, alle Kinder von den Schulen zu verweisen, die aus diesem Grund fehlten. Hier irrten die Führer der Bürgerrechtsbewegung (wie sie es auch bei anderen wichtigen Gelegenheiten taten), als sie den Rückzug antraten, anstatt durch weitere Demonstrationen die Sache auf die Spitze zu treiben und die Birminghamer Schulbehörde zwischen den Seiten mit den

Erlassen zu erdrücken, indem man sie gezwungen hätte, den Buchstaben ihrer Erlasse und Erklärungen gerecht zu werden. Die Behörde und die Stadt Birmingham wären in eine unmögliche Situation gekommen, hätten sie alle schwarzen Kinder von der Schule verwiesen, die sich dann in den Straßen herumgetrieben hätten. Sie hätten ihre Entscheidung einen Tag später revidiert, falls sie überhaupt gewagt hätten, soweit zu gehen. (...)

In Chicago fielen die Besitzenden böse aufs Kreuz, als sowohl ein Richter wie auch ein Staatsanwalt murrten, nach dem Buchstaben des Gesetzes sei es verboten, Kinder vom Besuch öffentlicher Schulen fernzuhalten, und sie knurrten drohend etwas über eine einstweilige Verfügung gegen alle Führer der Bürgerrechtsbewegung, die sich an einem Schul-Boykott beteiligten. Hier – wie immer, wenn die Besitzenden anfangen, ihren Gesetzbüchern zu folgen – boten sie den Habenichtsen eine einmalige Chance, von einer begrenzten Taktik zu einem durchschlagenden Vormarsch auf vielen Fronten zu kommen. Die Schüler brauchten nicht mehr zu fehlen; die Führer wären die einzigen, die handeln müßten. Nun war der Zeitpunkt gekommen, eine großangelegte Kampagne des Spotts, des Hohns und der Mißachtung zu starten, den Staatsanwalt und den Richter herauszufordern, den Buchstaben des Gesetzes zu folgen und einstweilige Verfügungen zu erlassen, oder aber in aller Öffentlichkeit als ängstliche Hochstapler dazustehen, die es nicht wagten, dem von ihnen beschworenen Gesetz Geltung zu verschaffen. Ein solches Verhalten der Habenichtse würde wahrscheinlich zu einer einstweiligen Verfügung führen. Aber mittlerweile hätte die Boykott-Taktik aufrüttelnde Folgen gehabt. Unmittelbar nach dem Boykott hätte jeder Führer der Bürgerrechtsbewegung in Chicago gegen die einstweilige Verfügung verstoßen. Aber das letzte, was das Establishment will, ist, jeden einzelnen Führer der Bürgerrechtbewegung in Chicago (zu denen viele Geistliche in der Stadt gehörten) anzuklagen und ins Gefängnis zu stecken. Solch ein Schritt würde die Machtverhältnisse in Chicago erschüttern und sicherlich die ganze Frage der Rassentrennung in Schulen erst richtig anheizen. Ohne Frage hätten der Staatsanwalt und der Richter die Ermittlungen auf die lange Bank geschoben und irgendwann klammheimlich eingestellt. An diesem Punkt, wo die Führer der Bürgerrechtsbewegung die machtvolle Waffe des Gesetzbuches der Besitzenden besäßen, müßten sie fest zusammenhalten und den Richter und den Staatsanwalt verhöhnen, verspotten und verlangen, daß »dem Gesetz Geltung verschafft wird«, den Richter und den Staatsanwalt beschuldigen, sie hätten eine einstweilige Verfügung erwirkt, gegen die sie öffentlich, vorsätzlich und böswillig verstießen, und daß sie deshalb für den dadurch entstandenen Schaden aufkommen müßten. Falls die Führer der Bürgerrechtsbewegung darauf beständen, verhaftet und angeklagt zu werden, wären die Besitzenden in die Flucht geschlagen worden und völlig verwirrt, gefangen in der Zwangsjacke ihrer eigenen Gesetze. Der Vollzug der einstweiligen Verfügung hätte zu einem Sturm des Protests in der Stadt geführt und zu einem unerhörten Zulauf zur Bürgerrechtsbewegung. Die Nicht-Vollstreckung hätte den Zusammenbruch und die Niederlage der Besitzenden den Habenichtsen signalisiert und ebenfalls eine Vergrößerung und Stärkung der Habenichtse-Organisationen zur Folge gehabt.

Haft

Wenn das Establishment revolutionäre Führer inhaftiert, leistet es damit einen gewaltigen Beitrag zur Entwicklung der Bewegung der Habenichtse wie auch zur persönlichen Entwicklung der revolutionären Führer. Dieser Punkt sollte sorgfältig bedacht werden als ein weiteres Beispiel dafür, wie Massen-Jiu-Jitsu-Taktiken angewandt werden können, um die Macht der Herrschenden gegen sich selbst zu wenden.

Die Inhaftierung revolutionärer Führer und ihrer Anhänger erfüllt drei wichtige Funktionen für die Sache der Habenichtse: 1. Sie ist eine Handlung von seiten der Herrschenden, mit der der Konflikt zwischen Besitzenden und Habenichtsen unmißverständlich zum Ausdruck gebracht wird. 2. Sie stärkt in ungeahnter Weise die Stellung der revolutionären Führer bei ihren eigenen Leuten, indem sie den Inhaftierten den Hauch von Märtyrern verleiht. 3. Sie stärkt die Identifikation der Führung mit ihren eigenen

Leuten, da die Habenichtse überwiegend der Meinung sein werden, daß sich die Führung so sehr für sie einsetzt und sich so stark der Sache verschrieben hat, daß sie bereit ist, dafür sogar Haft in Kauf zu nehmen.

Als das Verhältnis zwischen den Habenichtsen und ihren Führern gespannt war, gab es wiederholt Situationen, in denen sich die Inhaftierung der Führer als heilsam erwiesen hat. Sofort schlossen sich die Reihen wieder, und die Führer gewannen ihre Massenunterstützung zurück.

Gleichzeitig sollten die revolutionären Führer immer sicherstellen, daß ihre Verstöße gegen Vorschriften so gering sind, daß ihr Gefängnisaufenthalt relativ kurz ist, von einem Tag bis zu zwei Monaten. Das Problem längerer Haftstrafen ist zum einen, daß sich ein Revolutionär so weit von den Aktionen entfernt, daß er den Kontakt verliert, zum anderen gerät man in Vergessenheit, wenn man zu lange weg ist. Das Leben geht weiter, neue Probleme tauchen auf, neue Führer kommen. Dennoch ist es für die Entwicklung eines Revolutionärs wichtig, durch Inhaftierung für eine begrenzte Zeit aus dem Verkehr gezogen zu werden. Das große Problem, mit dem der Revolutionär nicht von alleine fertig wird, ist, daß er hin und wieder die Möglichkeit haben muß, in Ruhe über seine Arbeit nachzudenken und seine Gedanken zu analysieren. Die bequemste und einfachste Lösung ist das Gefängnis, wo man die Muße findet, in der man versuchen kann, sich bewußt zu werden, was man macht, warum man es macht, was man erreichen will, was man falsch gemacht hat, was man hätte tun sollen, und vor allem die Beziehungen zwischen all den Ereignissen und Handlungen zu sehen, wie sie in ein allgemeines Muster passen. In der Haft fängt man an, eine Philosophie zu entwickeln. Hier beginnt man, langfristige Zielsetzungen zu gestalten, mittelfristige Ziele zu formulieren und Taktiken zu analysieren, ob sie der eigenen Persönlichkeit entsprechen. Hier ist man befreit vom Zwang, handeln zu müssen, der einen immer nur an den jeweils nächsten Schritt denken läßt. Hier kann man aus einer gewissen Distanz sich ein Gesamtbild von den eigenen Aktionen und den Reaktionen des Gegners machen.

Jeder konsequente revolutionäre Führer müßte sich auf diese Weise vom Schauplatz des Geschehens zurückziehen. Ohne solche Gelegenheiten geht er von einer Taktik und Aktion zu anderen, die meisten davon sind sehr begrenzt; ihm fehlt die Möglichkeit, Gesamtzusammenhänge zu durchdenken, und auf die Dauer verliert er Saft und Kraft. Er wird schließlich zu nichts anderem als einem zeitweiligen Reizmittel. Die Propheten des Alten und Neuen Testaments fanden die Möglichkeit zur Besinnung, indem sie sich freiwillig in die Einsamkeit zurückzogen. Nachdem sie wieder aufgetaucht waren, begannen sie, ihre Philosophien zu verkündigen. Oftmals meint ein Revolutionär, daß er sich nicht freiwillig zurückziehen kann, weil der Druck der Ereignisse und Aktionen ihm diesen Luxus nicht erlaubt; darüber hinaus besitzt ein Revolutionär oder ein Mann der Tat nicht das Sitzpolster, das Wissenschaftlern zu eigen ist. Ruhig zu sitzen, zu denken und zu schreiben, das ist für ihn sehr schwierig. Selbst wenn er auf einmal Zeit dazu hätte, wird er versuchen, dem Geschäft des Denkens und Schreibens aus dem Weg zu gehen, und zwar mit allen Mitteln. (...)

Im Gefängnis ist das ganz anders. Es gibt kein Telefon und keinen Besuch, höchstens für eine Stunde am Tag. Die Wärter sind rauhe Kerle, ungesellig und gewöhnlich so stumpfsinnig, daß man sowieso nicht mit ihnen reden will. Man findet sich in einer Eintönigkeit und Beengtheit wieder, der man verzweifelt zu entfliehen sucht. Da dies physisch nicht möglich ist, verdrängt man die Umstände geistig: man nimmt Zuflucht zum Denken und Schreiben. Erst durch meine gelegentlichen Gefängnisaufenthalte wurde die Grundlage für meine ersten Veröffentlichungen geschaffen und eine Formulierung meiner Ideen, Ziele und Überzeugungen möglich.

Timing

Genug von philosophischer Zurückgezogenheit, zurück zum Geschäft des Organisierens und seiner Grundlagen. Zu ihnen zählt das Timing.

Timing ist für die Taktik das, was es für alles im Leben ist: der Unterschied zwischen Erfolg und Mißerfolg. Ich meine nicht das Timing, wann eine bestimmte Taktik gestartet werden soll, was sicherlich wichtig ist. Vielmehr – wie ich es wiederholt zum Ausdruck gebracht habe – gestattet das Leben einem Taktiker nicht den Luxus, sich den Zeitpunkt und den Ort eines Konfliktes auszusuchen. Was das Leben hingegen erlaubt, ist, daß der geschickte Taktiker sich der Nutzbarmachung der Zeit bei der Anwendung von Taktiken bewußt ist.

Sobald der Kampf begonnen hat und eine Taktik angewendet wird, ist es wichtig, daß der Konflikt sich nicht zu lange hinzieht. Erinnern Sie sich an die siebte Regel zu Beginn dieses Kapitels. Viele menschliche Erfahrungen sprechen für sie. Ich kann nicht oft genug wiederholen, daß ein Konflikt, der sich zu lange hinschleppt, schlapp wird. Das gilt für eine Taktik oder für irgendeine besondere Aktion.

Unter den Gründen dafür befindet sich die einfache Tatsache, daß ein Mensch ein Interesse für eine bestimmte Sache nur für einen begrenzten Zeitraum aufrechterhalten kann. Die Konzentration, die gefühlsmäßige Leidenschaft, sogar die körperliche Energie, ein besonderes Erlebnis, das aufregend, herausfordernd und motivierend ist, dauern genauso lang an. Das trifft auf alle Bereiche des menschlichen Lebens zu, vom Sex bis zum Konflikt. Nach einer gewissen Zeit wird es eintönig, wiederholt sich, eine emotionale Tretmühle, und schlimmer noch als alles andere, es wird stumpfsinnig. (...)

Der Taktiker sollte sich ständig bewußt sein, daß er unter Zeitdruck steht, wenn eine Aktion startet. Das gilt sowohl für die physische als auch für die psychische Seite einer Aktion. Als sich die Woodlawn-Organisation in Chicago entschied, einen Massen-Einzug in das Rathaus zu veranstalten, als es um ein Schulproblem ging, sollte die Rathaushalle um 10.00 Uhr morgens mit 5 000 bis 8 000 Personen gefüllt werden, um dem Bürgermeister gegenüberzutreten. Als die Strategie entwickelt wurde, wurde der Zeitfaktor untersucht und genau berücksichtigt, und deshalb wurden alle Möglichkeiten, die die Taktik bot, voll ausgeschöpft, und alles endete nicht mit einer Pleite, wie das beim Marsch der Armen in

Resurrection City und woanders der Fall war. Die Führung war sich klar darüber: Wenn sich Tausende von Menschen im Stadtzentrum versammeln, flaut die Stimmung sehr schnell ab, wenn sie gelangweilt für eine längere Zeit auf einem Fleck stehen. Kleine Gruppen werden sich absetzen, einkaufen gehen, sich Sehenswürdigkeiten angucken, einen Kaffee oder irgendwas anderes trinken. Kurz, das Leben im Zentrum einer Großstadt wird viel attraktiver und anziehender sein als einfach im Rathaus an einer Aktion teilzunehmen, bei der man bereits erlebt hat, wie schockiert der Gegner reagiert hat. Nach einer Weile – und damit meine ich zwei bis drei Stunden – wären die 8 000 auf 800 oder weniger geschrumpft, und die Wirkung der Masse wäre ernsthaft geschwunden und geschwächt. Darüber hinaus hätte dies den Erfolg, daß der Bürgermeister, der sieht, wie eine Massenaktion von 8 000 auf 800 schrumpft, sich sagen könnte: »Wenn ich noch zwei oder drei Stunden warte, sind nur noch 80 übriggeblieben, und wenn ich noch einen Tag aushalte, wird keiner mehr hier sein.« Damit hätten wir nichts erreicht.

Weil sie dies wußte, trat die Führung der Woodlawn-Organisation dem Bürgermeister gegenüber, teilte ihm mit, daß sie Taten sehen wollte und ihre Forderungen umgehend erfüllt werden müßten. Sie setzten ihm eine Frist, bis wann dies zu geschehen hätte. Nachdem sie ihr Anliegen vorgetragen hatten, erklärten sie, sie würden jetzt die Demonstration beenden, könnten aber jederzeit in gleicher oder größerer Zahl wiederkommen, falls sich nichts rührte. Und dann machten sie kehrt und traten mit ihrer immer noch begeisterten Truppe einen organisierten, geschlossenen und machtvollen Rückzug an, und sie hinterließen diesen Eindruck bei den Stadtoberen.

Es gibt einen Weg, die Aktion am laufen zu halten und sie vor Langeweile zu bewahren, aber das bedeutet, ständig neue Akzente zu setzen, während die Aktion fortgeführt wird, so daß, wenn die Begeisterung und das Interesse für eine Sache schwindet, eine neue inszeniert werden muß, die zu einer Wiederbelebung führt. Mit einem ständigen Szenenwechsel geht es weiter und weiter. (...)

Neue und alte Taktiken

Wir sprechen von Problemen, zum Beispiel der Umweltverschmutzung. Hier können wir wieder die Besitzenden gegen die Besitzenden ausspielen, um das zu erreichen, was wir wollen. Wenn Betriebe und Großindustrie von »Leuten« sprechen, dann meinen sie die Banken und andere Machtfaktoren ihrer eigenen Welt. Angenommen, ihre Banken fangen an, auf sie Druck auszuüben, dann schmerzt es und sie schenken dem Gehör. Deshalb sollten die Hausbanken der Stahl-, Automobil- und anderen Industrien die Zielscheibe sein, um eine spürbare Verringerung der Umweltverschmutzung zu erreichen. Fangen wir damit an, daß die Banken ihren eigenen öffentlichen Erklärungen gerecht werden.

Alle Banken wollen Geld und werben dafür, bei ihnen neue Spar- und Girokonten zu eröffnen. (...) Die Einrichtung eines Sparkontos bei einer Bank ist mehr als eine Routineangelegenheit. Man wird von einem der vielen Zeichnungsberechtigten oder Angestellten gebeten, Platz zu nehmen. Formulare müssen ausgefüllt und Fragen beantwortet werden. Wenn man will, dauert die ganze Prozedur mehr als eine halbe Stunde. Wenn tausend oder mehr Leute kämen, jeder mit fünf oder zehn Dollar, um ein Sparkonto zu eröffnen, wäre die größte Bank lahmgelegt. Wie bei der Kaufhaus-Aktion wäre die Polizei machtlos. Von einer illegalen Besetzung könnte nicht die Rede sein. Die Bank wäre in einer schwierigen Lage. Sie wüßte, was vor sich ginge, würde aber nicht mögliche Bankkunden vor den Kopf stoßen wollen. Das Image der Bank wäre zerstört, falls sie Tausende von möglichen Kontoinhabern festnehmen oder gewaltsam aus der Schalterhalle entfernen ließe.

Auch hier spielt der Spott wieder eine Rolle. Eine ununterbrochene Kette von Aktionen und Reaktionen wird gebildet. Die Leute können nach ein paar Tagen wiederkommen und ihre Konten auflösen, zu einer anderen Filliale gehen und ein neues eröffnen. Dies nenne ich einen Guerrilla-Angriff der Mittelschicht. Er hätte irrationale Reaktionen auf seiten der Banken zur Folge, die dann gegen ihre größten Kunden gerichtet werden könnten, zum

Beispiel gegen einen Betrieb, der für Umweltverschmutzung verantwortlich ist, oder wer auch immer die erklärte Zielscheibe der Mittelschicht-Organisation sein mag. Der Betroffene eines solchen indirekten Angriffs ist immer empört; folglich wird die Bank wahrscheinlich eher emotional reagieren, da sie sich selbst unschuldig fühlt und glaubt, für die Sünden anderer bestraft zu werden.

Gleichzeitig kann man diese Art von Aktion auch mit einem kleinen Ausflug, bei dem man mit Freunden zusammenkommt, verbinden und zur allgemeinen Erheiterung beitragen, weil sich sehr schön beobachten läßt, wie das Establishment aus der Fassung gerät. Die Mittelschicht-Guerrillas amüsieren sich köstlich, während sie zugleich den Druck auf den Gegner verstärken.

Sobald man eine besondere Taktik angewendet hat, ist sie nicht länger mehr außerhalb des Erfahrungsbereichs des Gegners. Es dauert nicht lange, und er denkt sich Gegenmaßnahmen aus, die die einst wirksame Taktik ins Leere laufen läßt. Kürzlich zeigte mir ein Konzernchef die Pläne für eine neue Fabrik und machte mich auf einen großen Bereich im Erdgeschoß aufmerksam. »Junge, Junge, wir haben einen Architekten, der ist auf Draht«, freute er sich. »Sehen Sie diese große Halle? Das ist unser Sit-in-Raum! Wenn die kommen, werden sie hier reingeführt; hier wird es Kaffee geben, Fernsehen, ausreichend Toiletten. Hier können sie so lange sitzen, bis sie sich wieder beruhigt haben.«

Sit-ins können wir nun ins Museum verbannen.

Es gab jedoch Zeiten – und in seltenen Fällen ist das heute noch so –, als Sit-ins wirklich revolutionär waren. Ein anschauliches Beispiel waren die fast spontanen Sitz-Streiks der Gewerkschaft der Automobil-Arbeiter während ihrer Organisationskampagne bei General Motors 1937. Die Besetzung von Privateigentum löste damals in den ganzen USA einen Aufschrei aus. Von wenigen Ausnahmen abgesehen wollten alle Gewerkschaftsführer damit nichts zu tun haben: das war ihnen zu revolutionär. Die Streikenden begannen, an der Rechtmäßigkeit ihrer Aktion zu zweifeln, an dem Warum und Wofür, aber dann kam der Chef aller CIO-Organisatoren, Lewis, und lieferte ihnen den Grund für ihr Vorgehen: »Das Recht des Menschen auf Arbeit steht über dem

Recht auf Privateigentum! Die CIO steht geschlossen hinter dieser Besetzung!«

Die Streikenden bei General Motors jubelten. Nun wußten sie, warum sie das getan hatten, was sie getan hatten, und warum sie bis zum Ende durchhalten mußten. Die Lehre aus dem ist: Eine der wichtigsten Aufgaben des Organisators ist, im Nu Erklärungen für Aktionen zu finden, die zufällig oder aus einer impulsiven Wut heraus stattgefunden haben. Ohne diese Begründung bleibt die Aktion für ihre Teilnehmer unerklärlich und löst sich schnell in einer Niederlage auf. Mit einer Begründung erhält Aktion einen Sinn und Zweck.

Die Stunde der Radikalen hat geschlagen

Die wesentliche Frage, die über das Schicksal der Demokratie entscheiden wird, ist die, ob wir wirklich an Demokratie glauben. Demokratie als Lebensweise ist verstandesmäßig akzeptiert, aber gefühlsmäßig abgelehnt worden. Die demokratische Lebensweise basiert auf dem Vertrauen in die Massen der Menschen, doch nur wenige Führer in unserer Demokratie vertrauen wirklich dem Volk. Unsere demokratische Lebensweise ist durch nichts mehr durchdrungen als durch die Angst des Menschen vor seinem Mitmenschen. Die wenigen Mächtigen fürchten die vielen, und die vielen mißtrauen einander. Persönlicher Opportunismus und gierige Ausbeutung verbinden den Polizeichef, den Bürgermeister, den Gouverneur und den Kongreß zu einer zynischen Familie. Es ist schwierig, ein Fünkchen von Vertrauen in den Menschen zu entdecken, ob man nun bei der Demokratischen Partei stöbert, den rassistischen Politikern im Süden oder ob man sich die heruntergekommenen Reaktionäre in der Republikanischen Partei genauer ansieht. Im Gegenteil, von wenigen Ausnahmen abgesehen werden alle diese Führer, unabhängig von ihrer politischen Couleur, eine große Angst vor und ein großes Mißtrauen gegenüber den Massen des Volkes gemeinsam haben. Sollen die Massen träge bleiben und sich keine Gedanken machen; störe sie nicht, wecke sie nicht auf; setze sie nicht in Bewegung, sonst bist du ein Agitator, ein Unruhestifter, ein Roter! Du bist kein Amerikaner, du bist ein Radikaler!

Die Vergangenheit, die glorreiche Vergangenheit mit all ihrer bequemen Vertrautheit beruht auf einer allgemeinen Preisgabe alltäglicher demokratischer Rechte und Verantwortlichkeiten des

Volkes. Sie gründet sich auf Massen von Menschen, denen die Möglichkeit zur Mitwirkung am demokratischen Leben verwehrt wurde und immer noch wird, die auf Schritt und Tritt enttäuscht werden und die so lange geschwiegen haben, daß sie ihre Stimmen verloren haben. Nur gelegentlich rührte und bewegte sich dieses ruhige, friedliche, scheinbar tote Fundament. Diese Umwälzungen waren die Revolutionen, bei denen die Menschen für die Möglichkeit kämpften, eine Rolle in dieser Welt zu spielen, für eine Chance, dazuzugehören, für ein menschenwürdiges Leben.

Diese Massen des Volkes waren und sind die Substanz der Gesellschaft. Wenn sie weiterhin sprachlos, teilnahmslos, unbeteiligt, einsam und verlassen in ihrer abgrundtiefen Anonymität bleiben, dann ist das das Ende der Demokratie. (...)

Das Feuer, die Kraft und das Leben einer Demokratie ist öffentlicher Druck. In einer Demokratie muß die Regierung ständig auf den anhaltenden Druck des Volkes eingehen. Die einzige Hoffnung für die Demokratie ist, daß mehr Menschen und mehr Gruppen sich Gehör verschaffen und Druck auf ihre Regierung ausüben werden. (...) Wenn wir von demokratischen Bürgerrechten sprechen, meinen wir damit ein informiertes, aktives, Anteil nehmendes und interessiertes Volk – ein interessiertes und beteiligtes Volk bedeutet öffentlicher Druck!

Ein Volk kann sich nur beteiligen, falls es sowohl die Möglichkeit hat, sein eigenes Programm zu formulieren, das sein Grund für die Beteiligung ist, als auch ein Mittel besitzt, mit dem es sein Programm zum Ausdruck bringen und verwirklichen kann. Dies kann nur durch den Aufbau wirklicher Bürger-Organisationen geleistet werden. (...)

Einige aufrichtige intellektuelle Anhänger der Demokratie erheben zwei wesentliche Einwände gegen den Aufbau von Bürger-Organisationen. Erstens fürchten sie, das bedeute Revolution. Sie vergessen, daß die Demokratie eine der größten Revolutionen in der Geschichte des Menschen ist. Sie vergessen, daß die Regierung der Vereinigten Staaten in einem Revolutionskrieg geboren wurde, und sie vergessen, daß die Geburtsurkunde dieser Vereinigten Staaten, bekannt als Unabhängigkeitserklärung, stolz als ein Menschenrecht verkündet: »Wenn immer eine ausübende

Regierungsgewalt diese Ziele verletzt, ist es das Recht des Volkes, sie umzubilden oder zu entlassen und eine neue Regierung an ihrer Stelle einzusetzen, die die Grundlagen gewährleistet und die Gewaltenteilung so vornimmt, daß sie in größtmöglichem Maße die Sicherheit und das Glück des Volkes verbürgt.«

Diejenigen, die in dem Aufbau von Bürger-Organisationen eine Revolution sehen, vergessen auch, daß es sich dabei um eine planmäßige Entwicklung der Beteiligung, des Interesses und der Aktionen auf seiten der Massen des Volkes handelt. Es mag stimmen, daß dies Revolution bedeutet, aber es ist eine friedliche Revolution. Eine friedliche Revolution abzulehnen heißt, vor die teuflische Alternative gestellt zu sein: aufrührerische, plötzliche, stürmische, blutige Revolutionen oder ein weiterer Verfall der auf dem Volk gegründeten Demokratie bis hin zur zwangsläufigen Diktatur. Der Aufbau von Bürger-Organisationen bedeutet friedliche Revolution; es ist der Prozeß, in dem die Menschen langsam, aber unwiderruflich ihren Platz als Bürger in einer Demokratie einnehmen.

Der zweite Einwand, den diejenigen vorbringen, die den Aufbau von Bürger-Organisationen fürchten, stammt vom Mißtrauen vor der Macht in den Händen des Volkes. Sie fürchten, der Aufbau von Bürger-Organisationen stelle den Aufbau einer riesigen Machtgruppierung dar, die einem faschistischen Demagogen zum Opfer fallen könnte, der die Führung an sich reißen und kontrollieren würde und die Organisation in ein Frankenstein-Monster gegen die Demokratie verwandelte. Die dies für möglich halten, haben wenig aus der jüngsten Geschichte gelernt. Der Weg zum Faschismus und zur Diktatur ist gepflastert mit Apathie, Hoffnungslosigkeit, Enttäuschung, Sinnlosigkeit und Verzweiflung bei den Massen des Volkes. Gerade diese Angst und völlige Hoffnungslosigkeit der Massen des Volkes führt zur Preisgabe jeglicher Kontrolle über ihr eigenes Leben und zur Übertragung der Macht an einen Diktator.

Der Faschismus hat dann keine Chance, Macht über ein Volk zu erlangen, wenn dies aktiv, interessiert, beteiligt, kooperativ, informiert und demokratisch gesinnt ist und, vor allem, wenn es aufgrund seiner Erfahrungen Selbstvertrauen und Vertrauen in den Mitmenschen besitzt. Die Menschen haben Selbstbewußtsein entwickelt, und dieses Gefühl der Selbstachtung und der Achtung des Mitmenschen und das Vertrauen in die Macht des Volkes, welche durch eine Bürger-Organisation entstehen, das ist in Wirklichkeit die stärkste Barriere und der beste Schutz gegen Faschismus, die eine Demokratie überhaupt besitzen kann. (...)

Der Aufbau dieser Bürger-Organisation und die Verwirklichung der Beteiligung der Bürger am öffentlichen Leben können nicht erreicht werden und werden nicht dadurch erreicht, daß wir den augenblicklich beklagenswerten Zustand der Demokratie anprangern. Sie werden nicht durch jammernde Selbstanklagen erreicht. Sie werden nur dadurch erreicht, daß wir uns an die schmutzige, eintönige, herzzerreißende Arbeit heranmachen, Bürger-Organisationen aufzubauen. Sie werden nur erreicht, wenn wir die unendliche Geduld und den Glauben besitzen, auch dann weiterzumachen, wenn wir Rückschläge einstecken müssen; wenn wir neu aufbauen, einen Schritt weiter kommen und nicht müde werden.

Sie werden nur erreicht durch diejenigen, die an das Volk glauben, die ihm vertrauen und die bereit sind, für es Opfer zu bringen. Durch diejenigen, die furchtlos und klar sehen: sie werden unsere Radikalen sein. Der Radikale wird allen Problemen ins Gesicht sehen. Er wird nicht von materiellen Dingen oder bösartigen Voreingenommenheiten so belastet sein, daß er alles nur aus der Froschperspektive sieht. Er wird nicht auf die Menschheit aus der verzerrten, unrealistischen Vogelperspektive des Elfenbeinturms herunterblicken, sondern er wird geradeaus auf gleicher Höhe nach vorne schauen und den Menschen als einen Menschen sehen. Nicht aus weiter Entfernung, von oben oder unten, sondern als ein Mensch, der unter Menschen lebt. (...)

Ob es eine heisere Stimme ist, die Glocke, das geschriebene Wort oder die Trompete, laßt sie erklingen. Laßt sie klar und unentwegt erschallen. Die Stunde der Radikalen hat geschlagen!

Quellenangaben

Die Kapitel »Was ist ein Radikaler?«, »Die Krise«, »Das Programm«, »Die einheimischen Führer«, »Traditionen und Organisationen eines Viertels«, »Organisationstaktiken«, »Volksbildung«, »Konflikttaktiken I« und »Die Stunde der Radikalen hat geschlagen« stammen aus Saul Alinskys Buch »Reveille for Radicals«, das erstmals 1946 erschienen und 1969 neu aufgelegt worden ist, und zwar in der Vintage Books Edition von Random House, Inc., New York. Die vorliegende Übersetzung wurde anhand der Neuauflage vom September 1969 vorgenommen. Dabei wurden die Kapitel »What Is a Radical?«, »The Crisis«, »The Program«, »Native Leadership«, »Community Traditions and Organizations«, »Organizational Tactics«, »Popular Education«, »Conflict Tactics« und »Reveille for Radicals« gekürzt. Entsprechende Stellen wurden kenntlich gemacht: (...).

Die Kapitel »Ein Wort über Wörter«, »Über Mittel und Zweck«, »Kommunikation« und »Konflikttaktiken II« sind Saul Alinskys zweitem Buch »Rules for Radicals – A Pragmatic Primer for Realistic Radicals« (Vintage Books Edition, Random House, Inc., New York, March 1972) entnommen. Es handelt sich dabei um gekürzte Fassungen der Kapitel »A Word About Words«, »Of Means and Ends«, »Communication« und »Tactics«.

Beide Bücher sind ungekürzt bereits einmal in der Bundesrepublik herausgekommen. Im Burckhardthaus-Verlag (Gelnhausen/Berlin) erschien »Reveille for Radicals« 1973 unter dem Titel »Leidenschaft für den Nächsten«. Zusammen mit dem Christophorus-Verlag (Freiburg) und dem Laetare-Verlag (Nürnberg/München) gab der Burckhardthaus-Verlag 1974 »Rules for Radicals« unter dem Titel »Die Stunde der Radikalen« heraus. Die Übersetzung beider Bücher besorgten Günter Ortmann und Rolf Schmidt. Sie konnte jedoch nicht so übernommen werden; die Kapitel wurden aus dem Amerikanischen neu übertragen.

Bürgerengagement – Gemeinwesenarbeit – Community Organization

Ein Nachwort

Bürgerengagement

Es gibt eine breite Diskussion um Bürgerengagement und Ehrenamt in Deutschland von Bundestag und Bundesregierung bis hin zu den Wohlfahrtsverbänden und Kommunen. Durch das Ehrenamt, so klingt die Hoffnung durch, läßt sich verlorengegangener Gemeinsinn wiedergewinnen. Durch engagierte Arbeit für das Gemeinwesen, so wissen es die Sozialwissenschaftler, erweitern sich die Menschen ihre Handlungsspielräume für die Bewältigung ihres Lebens. Daß Bürgerengagement »als ein ganzheitliches, gesundheitsförderndes Rezept und Mittel für Wohlbefinden (well-being) gelten kann, beweist der hohe Prozentsatz der regelmäßig Engagierten mit ihrem Statement ›Volunteering hilft mir aktiv und gesund zu leben‹ (Europa 29 Prozent, BRD 30 Prozent)«[1], so weiß es die Eurovalstudie von 1996[2].

Allerdings gibt es auch mit gutem Grund skeptische Stimmen. Weshalb blüht gerade in Zeiten knapper Kassen und finanzieller Engpässe bei den Kommunen und zunehmender Hilfebedürftigkeit bei vielen Menschen der Diskurs um Bürgerengagement so auf? Soll Bürgerengagement helfen, die öffentlichen Kassen zu stabilisieren oder soziale Defizite auszugleichen? Mein Bremer Kollege Jürgen Blandow geht noch weiter, wenn er sagt: »Die Obrigkeit setzt die Bürgergesellschaft ein, um sich ihrer zu bedienen«[3]. Seiner Auffassung nach werden Begriffe wie »Engagement« und »Gemeinsinn« dazu benutzt, den Boden für weitere Privatisierung sozialer Risiken zu bereiten.

Diese Ambivalenz sollten wir im Auge behalten, wenn wir über Bürgerengagement sprechen. Ich möchte sie nur mit einem Satz eines der Theoretiker des Kommunitarismus, Amitai Etzioni, kurz noch einmal skizzieren: »Wir alle brauchen eine Gesellschaft, in der Menschen endlich mehr für einander tun und zur Erfüllung ihrer sozialen Bedürfnisse weniger auf den Staat oder den Markt angewiesen sind«[4]. Da ist auf der einen Seite der positive Aspekt der Eigentätigkeit und Aktivierung, der für uns in der Gemeinwesenarbeit immer eine große Rolle spielte; da ist aber auch auf der anderen Seite der Aspekt der »strategischen Nutzung der positiv besetzten Begriffe ›Engagement‹, ›Gemeinwohl‹ und – immer noch – ›Ehrenamt‹ für die Privatisierugs- und Deregulierungspolitik des neoliberalen Projekts«[5].

Gemeinwesenarbeit

»Die Leistungsgesellschaft hat sich nicht damit begnügt, ihre Menschen in Leistungsfähige und Leistungsunfähige aufzuspalten, sondern sie hat in ziemlich perfekter Ausgrenzung auch die Generationen voneinander getrennt und das private und öffentliche Leben in zwei Lebenswelten geformt, die kaum noch etwas miteinander zu tun haben. In den inzwischen erreichten Formen der Ghettoisierung stehen deshalb kaum noch Übungsfelder für Werte wie soziale Kompetenz, Verantwortung für sich selbst und andere, Engagement für das Gemeinsame, Beziehungsfähigkeit und so weiter zur Verfügung. Das soziale Leben muß daher in künstlicher Form stattfinden.«[6] Konsequenz ist – wie es die Mütterzentren und andere Projekte zeigen – »Lebenswelten« zu schaffen – vielleicht auch Nachbarschaften –, die die Begegnung zwischen unterschiedlichen Menschen ermöglichen. Unsere Erfahrungen und die vieler anderer Projekte (zum Beispiel in Trier und Tübingen) zeigen, daß der Ort solcher Begegnungen und des bürgerschaftlichen Engagements der für die meisten Menschen besonders relevante und direkt erfahrbare Ort, das Gemeinwesen, der Stadtteil ist. Von der Bindung an das Gemeinwesen, von der Möglichkeit, den sozialen Raum mitzugestalten, hängt es sehr wesentlich ab, ob und wie sich Bürger engagieren. Deshalb müssen viele Vollzüge und Entscheidungen dorthin zurückgeholt werden. Wir haben dafür eine von den Kommunen lange Zeit eher argwöhnisch beäugte Strategie, die inzwischen auch aus ihrer engen Bindung an die soziale Arbeit herausgetreten ist, die Gemeinwesenarbeit.

Gemeinwesenarbeit (GWA) ist eine sozialräumliche Strategie, die sich ganzheitlich auf den Stadtteil und nicht pädagogisch auf einzelne Individuen richtet. Sie arbeitet mit den Ressourcen des Stadtteils und seiner Bewohner, um seine Defizite aufzuheben. Damit verändert sie dann allerdings auch die Lebensverhältnisse seiner BewohnerInnen.

Gemeinwesenarbeit und Bürgerengagement sind – das wird deutlich – Strategien aus dem politischen und professionellen Feld (»von oben« wäre da wohl etwas zu pauschal formuliert) angesichts aktueller gesellschaftlicher Entwicklungen. Sie kompensieren allerdings eher gesellschaftliche Defizite. So notwendig das ist, es wäre doch über die Aufhebung solcher Defizite zu reden. Und das hat mit Macht zu tun.

Deshalb ist es ebenso verdienstvoll wie aktuell, mit der Herausgabe der »Anleitung zum Mächtigsein« an Saul Alinsky und Community Organization zu erinnern.

Was ist nun Community Organization?[7]

Community Organization (im folgenden CO abgekürzt) hat eine zirka hundertjährige Geschichte. Wenn man mal von den für CO reklamierten Vorläufern, wie beispielsweise der Settlementbewegung, absieht, wird das Auftauchen des Begriffs CO etwa um 1910 festgestellt. Hier wird allerdings Community nicht wie später als lokale Einheit – bei uns fälschlich und mißverständlich als »Gemeinwesen« übersetzt – verstanden, sondern eher im Sinne dessen, was mit dem Begriff »Gemeinschaft« verstanden wird und heute in der sogenannten Kommunitarismus-Debatte Aktualität bekommen hat. CO meint in dieser frühen Phase – eher appellativ – Strategien zur demokratischen Änderung der »als unzulänglich empfundenen Ordnung menschlichen Zusammenlebens«[8].

Später betont CO einen eher technischen Aspekt: »Community organization is the coordination of all the community resources for the solving of community problems.«[9] In dieser Phase taucht CO erstmals auch im Zusammenhang mit sozialer Arbeit auf und wird als »Koordination gemeinschaftlicher Hilfsmittel zur Lösung gemeinsamer Probleme« und als – in heutiger Begrifflichkeit – Vernetzung örtlicher Vereinigungen und Träger zu Finanzierungs- und Planungsgemeinschaften einerseits und zu Gemeinschaftszentren andererseits verstanden.

Die weitere Entwicklung soll und kann hier nicht ausführlich dargestellt werden.

1955 erschien das Buch »Community Organization – Theory and Principles« von Murray G. Ross, das in USA große Beachtung fand und seit Ende der sechziger Jahre auch in der Bundesrepublik das Lehrbuch für Gemeinwesenarbeit wurde. Mit diesem Buch und seiner Rezeption wurde auch für das hiesige Verständnis die Gleichsetzung von CO und Gemeinwesenarbeit und ihre Einordnung als dritte Methode der sozialen Arbeit vollzogen.[10]

Von Ross stammt die »berühmte« Definition für CO, die für GWA von Generationen von Studierenden übernommen (und gebührend kritisiert) wurde und in der er CO versteht als einen *»Prozeß, in dessen Verlauf ein Gemeinwesen seine Bedürfnisse und Ziele feststellt, sie ordnet oder in eine Rangfolge bringt, Vertrauen und den Willen entwickelt, etwas dafür zu tun, innere und äußere Quellen mobilisiert, um die Bedürfnisse zu befriedigen, daß es also in dieser Richtung aktiv wird und dadurch die Haltungen von Kooperation und Zusammenarbeit und ihr tätiges Praktizieren fördert.«*[11]

Aus einem ganz anderen Zusammenhang kommt Saul Alinsky, der ebenfalls zu Beginn der siebziger Jahre in

Deutschland rezipiert und für die GWA reklamiert wurde. Er stammt aus der Tradition der Gewerkschafts- und Bürgerbewegungen Amerikas. Sein Verständnis von »Community« nähert sich wieder den demokratischen Wurzeln von »Gemeinschaft«: Es geht ihm um den Aufbau von Bürgerorganisationen. CO ist hier – außerhalb von und durchaus in Distanz zu sozialer Arbeit – ein eigenständiger methodischer Ansatz für die Organisation von Menschen als »ein wesentliches Mittel zur Verwirklichung des Rechts der in der Gesellschaft Benachteiligten auf Selbstbestimmung, denn mit ihrer Hilfe könnten sie ihre Interessen und Ziele effektiv verfolgen«[12]. Träger dieses Organisationsprozesses, bei dem es um Gewinnung und Ausübung von Macht geht, sind einerseits professionelle Organizer, andererseits informelle FührerInnen aus dem Volk. Für diesen Organisationsprozeß gibt es Regeln und Taktiken, die man erlernen und trainieren kann. Das Ziel dieser Form von CO ist nicht auf die formal-technische Effektivierung sozialer Angebote und Dienste beschränkt, sondern richtet sich auf »weitreichende, die Lebensverhältnisse der Menschen elementar berührende positive Veränderungen, also die Beseitigung kollektiver sozialer Probleme in der Wohn- und Arbeitswelt der Menschen«[13].

Die drei Wellen der Rezeption von CO in der Bundesrepublik

Ab Beginn der fünfziger Jahre setzten sporadisch die ersten Rezeptionsversuche von CO in der Bundesrepublik ein. Diese erste Rezeptions»welle« dauerte bis Mitte der sechziger Jahre. In der Folge der Umerziehungsversuche und Reeducation-Programme der Alliierten kamen aus der Sozialarbeit vor allem die Lehrenden an den Ausbildungsstätten auf Studienaufenthalten und durch Teilnahme an internationalen Tagungen mit CO in Berührung[14]. Sie verbreiteten hierzulande ein Verständnis von CO, in dem diese gesehen wurde als »der methodische Versuch der nordamerikanischen Sozialarbeit, die Wohlfahrtsbedürfnisse innerhalb eines bestimmten geographischen Bezirks im Interesse einer besseren Wirksamkeit zu koordinieren«[15].

Seit etwa 1962 wird CO, zusammen mit Community Development, die neue Methode »Gemeinwesenarbeit« genannt und die Notwendigkeit ihrer Einführung wiederholt betont. Vogel/Oel kritisieren die beschreibende, wenig differenzierende und die Übertragbarkeit auf bundesrepublikanische Verhältnisse nicht berücksichtigende Rezeption von CO als ein »abgekürztes Rezeptionsverfahren«[16] und fordern eigene theoretische Anstrengungen. Diese zu leisten ist in der deutschen Gemeinwesenarbeit jahrelang sträflich versäumt worden.

Die Rezeption damals sollte – wie auch heute die CO-Renaissance wieder – dem Berufsstand der Sozialarbeiter neue Impulse geben, denn die Sozialarbeit – so hieß es damals – sei darauf verwiesen, in einer offenen, freien, demokratischen Gesellschaft selbst ihre Stellung zu behaupten.

Praktische Projekte aus dieser Zeit sind nicht oder kaum bekannt. Die Rezeption von CO in der deutschen Sozialarbeit kann bis Mitte der sechziger Jahre als rein literarisch bezeichnet werden. Wolf Rainer Wendt erläutert die Gründe: »Die Reformen in der behördlichen Sozialverwaltung und der Ausbau von Diensten freier und öffentlicher Träger fanden in der Praxis den größten Teil des Interesses und der Initiative berufstätiger Sozialarbeiter. Auf kommunaler Ebene bestand in der Bundesrepublik zudem keine Notwendigkeit, zum Zwecke der Mittelbeschaffung oder der Gewinnung öffentlicher Unterstützung Gemeinwesenorganisation zu betreiben, denn deutsche Gemeindeverwaltungen handeln ›sozial‹ nach gesetzlichen Vorschriften und ausgerüstet mit Steuermitteln. Erst eine ökonomische Krise und eine Legitimationskrise gaben der Diskussion von Gemeinwesenarbeitern praktisches Gewicht.«[17]

Damit begann auch die zweite Welle der Rezeption von CO. Der plötzliche Anstieg praktischer GWA seit der ersten Krise 1966 zog auch eine verstärkte Beschäftigung mit amerikanischer und niederländischer GWA-Literatur nach sich. Hier wurde CO aus und in zwei Richtungen rezipiert.

Zum einen wurde Murray G. Ross' Konzept von CO (beziehungsweise GWA) über die Ausbildungsstätten sehr breit gestreut und fand sowohl bei GemeinwesenarbeiterInnen in kommunaler und freier, besonders kirchlicher Trägerschaft großen Anklang, denn sein reformpädagogisches Konzept paßte gut in deren Vorstellungen von GWA: »es geht von der Notwendigkeit der aktiven Beteiligung möglichst aller Bewohner eines Wohnquartiers bei der Beseitigung partikulativer Mißstände aus, in der Hoffnung, daß die Verantwortung dieser Bürger für das Gemeinwohl ihrer Kommune eine als ursprünglich angenommene und prinzipiell wiederherstellbare Harmonie rekonstruieren könne«[18].

Demgegenüber hat sich aus den Erfahrungen von GWA in den Obdachlosenquartieren und in den studentischen Projekten in Trabantenstädten, wie dem Märkischen Viertel in Berlin, ein, wie Müller es klassifizierte, aggressives Konzept von GWA entwickelt und mehr und mehr auch die Diskussion bestimmt. Es basierte auf einer marxistischen Erklärung der Gesellschaft und ordnete deshalb Sozialarbeit ein in den Widerspruch zwischen Kapital und Arbeit und forderte von den GemeinwesenarbeiterInnen Parteilichkeit für den Arbeiter als Klasse.

Die strategische Linie einer solchen parteilichen GWA hat das Haidhausen-Büro, ein Münchner Projekt, stellvertretend für fortschrittliche Projekte der damaligen GWA so formuliert: »Von der Hilfestellung bei akuten Konflikten durch Aufklärung zur Organisierung!«[19]

Organisierung als bedeutsamer Inhalt des Politikverständnisses von GWA wurde gesehen in einer nahen Perspektive als Interessenorganisation um ein zentrales und aktuelles Problem; sie konnte mit der Lösung des Problems enden. Sie war in einer mittleren Perspektive orientiert auf den gesamten lokalen Bereich und wurde schließlich in einer weiten Perspektive gesehen als eine Organisierung, »die auf die Lösung grundsätzlicher politischer Fragen hinarbeitet und in den überregionalen Kampf für eine Gesellschaftsordnung im Interesse der Lohnabhängigen einbezogen ist«[20]. Die GWA befaßt sich im wesentlichen nur mit den beiden ersten Perspektiven, obgleich sie sich schon in die dritte einordnet als Arbeit im »vorpolitischen« Raum. Dabei wird ihre Wirksamkeit auch von den Autoren, die sich einem aggressiven Konzept verpflichtet fühlen, eher zurückhaltend eingeschätzt: »Für sich genommen ist auch noch so fortschrittlich betriebene GWA nicht gesellschaftsverändernd, sondern allerhöchstens können gewisse Strukturen in Frage gestellt und in bescheidenem Umfang Unterstützung der Bevölkerung geleistet werden«[21].

Kein Wunder, daß von den Vertretern dieser »Richtung« ein CO-Verständnis rezipiert wurde, wie es Saul Alinsky vertreten hat. So erschienen im Burckhardthaus, neben der Victor-Gollancz-Stiftung auch damals schon eine gute Adresse für GWA, die beiden ersten Schriften von Alinsky[22]. Welche Bedeutung Alinsky für die GWA in der Bundesrepublik tatsächlich hatte, ist schwer auszumachen. Immerhin bewertet die »Sozialpädagogische Pressekorrespondenz«, die Zeitschrift der um den Arbeitskreis Kritischer Sozialarbeiter (AKS) versammelten fortschrittlichen SozialarbeiterInnen, Alinsky durchaus positiv, weil er die Selbstorganisation der Bewohner zum Prinzip macht, weil er die Machtfrage anspricht und überregionale Organisierung betont.

In der GWA selbst hat sich mit der Selbstorganisation der GemeinwesenarbeiterInnen in der »Sektion GWA« und um die Arbeitsgruppe GWA der Victor-Gollancz-Stiftung eine eigene theoretische Diskussion entwickelt. Damit »war die deutsche Rezeption von Gemeinwesenarbeit aus ihrer literarischen Phase herausgewachsen und hatte sich ihre eigene und für deutsche Verhältnisse neue Praxis geschaffen und zur Diskussion gestellt«[23].

Auf Alinsky bezieht sich nun auch – nach zwanzig Jahren – die dritte Welle der CO-Rezeption. Sicher sind die gesellschaftlichen und sozialpolitischen Bedingungen (Mit-)Auslöser dieser neuerlichen Besinnung auf CO: Die Mittel werden auch vielerorts in GWA-Projekten knapp, und die Probleme von Armut, Arbeitslosigkeit, Wohnungsnot, Gewalt auf den Straßen stellen auch die GemeinwesenarbeiterInnen vor erneute Herausforderungen. Die Ausbildung von SozialarbeiterInnen hat GWA weithin vernachlässigt, und der Fundus an methodischen Erfahrungen und Praxiswissen, der in vielen Projekten über zwanzig Jahre lang gesammelt wurde, ist an keiner Stelle systematisch zusammengetragen und vermittelt worden. Da ist es kein Wunder, wenn bundesdeutsche Studierende, die sich mit GWA auseinandersetzen und von dem Stand der Lehre hier enttäuscht sind, bei der Begegnung mit der Praxis von CO in USA fasziniert und begeistert sind. Sowohl die Beschäftigung mit GWA hier als auch die Erfahrungen mit CO in den USA schrieben sie nieder, historisch und empirisch angereichert, und es entstand das zweite beachtenswerte deutsche Buch (nach Vogel/Oel 1966!) zu CO[24]. Die AutorInnen stellten den Ansatz auf der GWA-Werkstatt im Burckhardthaus in Gelnhausen vor und fanden offene Ohren. Es folgte ein von mehreren Trägern und Verbänden getragenes CO-Training[25]. Die Teilnehmer dieses Trainings gründeten das »Forum für Community Organization« (FOCO). FOCO ist ein offener Zusammenschluß bundesdeutscher GemeinwesenarbeiterInnen, die in unterschiedlicher Weise an der Rezeption und Weiterentwicklung von CO in Deutschland arbeiten. FOCO bietet zu diesem Zweck Erfahrungsaustausch, Fortbildungen und Trainings an, unterstützt den Aufbau neuer Projekte und gibt einen regelmäßig erscheinenden Rundbrief heraus.

Damit unterscheidet sich die dritte Welle der CO-Rezeption erheblich von ihren Vorgängerinnen: Sie ist nicht nur rein literarisch, sondern sie ist in den Trainings und deren Vermittlung zur Praxis der Teilnehmenden auch praktische Rezeption. Es besteht die gute Chance, daß diesmal eine unverkürzte Rezeption von CO gelingt.

Zu Beginn der neuerlichen Rezeption von CO in der ersten Hälfte der neunziger Jahre wurde die Diskussion darum innerhalb der GWA sehr heftig und nach einem Argumentationsmuster geführt, das zunächst das Bestehende erst einmal gehörig abqualifiziert (oft in Unkenntnis der Realität)[26], um dann die eigene Praxis oder das eigene Konzept um so strahlender aufsteigen zu lassen. Dahinter steckt eigentlich die Frage: »Wer macht die bessere Gemeinwesenarbeit?« Die jungen Hüpfer wollten es den alten Hasen mal zeigen – und die keilten zurück.

Die Aktivisten von FOCO wehrten sich in einer verkürzten und idealisierenden Sichtweise der amerikanischen Praxis vehement gegen Theorie zugunsten der Einübung eines »spezifischen Sets an Techniken und Methoden von Community Oranisation«[27]. Sie wehrten sich auch gegen eine Verknüpfung von CO mit der Sozialarbeit, wobei sie nicht zu Unrecht die GWA in Deutschland als einen Teil von sozialer Arbeit sahen. »Den Anspruch strukturverändernder und nicht nur symptombekämpfender Arbeit nimmt dabei die CO gegenüber der Sozialarbeit in Anspruch«[28].

Heute ist die Diskussion gelassener geworden. Positionen erscheinen klarer und gegenseitig auch vermittelbar.

Klar ist: CO ist nicht Sozialarbeit. CO hat als organisierende Kraft die größere Wirksamkeit außerhalb der Sozialarbeit. Da stimme ich mit den CO-Autoren überein. Ich habe verschiedentlich darauf hingewiesen[29], daß dies ähnlich für GWA zu sehen ist, daß nämlich die Rezeption als Methode der Sozialarbeit GWA in verhängnisvoller Weise fast ausschließlich an soziale Arbeit gebunden hat.

Deutlich wird auch, daß sich in einer weiteren Frage eine Annäherung ergeben hat: Wie aber geht CO mit dem »unteren Drittel« der Gesellschaft um, das in sich gespalten ist, in dem gerade soziale und sprachliche Kompetenzen ungleich verteilt sind? Wir beobachten in den Armutstadtteilen nicht nur verbale Ab- und Ausgrenzungen. »Während sich die häuslich-familiär konsolodierten Sozialhilfeempfänger über jene Arbeitslosenhilfeempfänger erheben, die den lieben langen Tag an der Trinkhalle stehen, erheben sich diese ihrerseits über die Sozialhilfeempfänger, weil die Leistungen beziehen, für die sie nicht gearbeitet haben – also auf Kosten der Allgemeinheit leben, also Schmarotzer sind«[30]. Es werden immer noch Teilgruppen gesehen, von denen man sich abgrenzen und die man ausgrenzen kann: die »Penner«, die »Säufer«, die »Schlampen« und natürlich die Ausländer. Dies ist ein schlechter Nährboden für solidarische Formen der Armutsbewältigung und Gegenmachtstrategien, jedoch ein notwendiger Ansatzpunkt für integrierende (im Sinne einer solchen Spaltung entgegenarbeitende) gemeinwesenorientierte soziale Arbeit.

Heute zeigen die Erfahrungen, die FOCO von einer Studienreise aus den USA mitbrachte: »Verhältnisse, in denen individuelle und soziale Verelendung und Diskriminierung verbinden, sind nicht mehr mit Strategien der Aktivierung allein zu beeinflussen. So mischen sich in vielen Projekten Empowerment-Ansätze mit solchen der ›Sozialplanung von unten‹ und dem kampagnenorientierten Aufbau von Gegenmacht«[31].

Also: GWA als stadtteilbezogene soziale Arbeit und nützliche Dienstleistung wird es ebenso geben (müssen) wie GWA als Quartiersmanagement, das sich von der Sozialarbeit abgelöst hat.

Und hier hat CO als eigenständige Kraft ihren Platz, in und parallel zu der GWA, diese unterstützend. Vielleicht weil es die organisierende Kraft politischer Parteien an der Basis (Stadtteilarbeit) nicht gibt, vielleicht weil sich GWA nicht mehr an sozialen Bewegungen reiben kann, bietet CO die Chance, gemeinsames solidarisches Handeln zur Überwindung gesellschaftlicher Ohnmacht zu organisieren[32]. CO ist als notwendige Parallelstrategie zur GWA dann zu verstehen, wenn sich GWA zu stark am Hilfeauftrag der sozialen Arbeit orientiert. Wenn sich aber GWA als solidarische Strategie der Erweiterung von Handlungsspielräumen der Menschen versteht, verschmelzen die Unterschiede.

Damit ist ein Begriff angesprochen, der auch im Leitbild[33] von FOCO seinen Platz hat: Solidarität. Wenn wir von Individualisierung als einer Grundtatsache der modernen Gesellschaft ausgehen, dann ist es eine Aufgabe der GWA, »Bedingungen für Alltagssolidarität zu schaffen, die sich offensichtlich in modernen Gesellschaften nicht ohne weiteres ergeben«[34]. Zu diesen Bedingungen gehört der Aufbau von lebensweltlichen Unterstützungsnetzen, das Zurverfügungstellen von sanktionsfreien Räumen als Anlaufstelle für Informationen, als Gelegenheit für Austausch und Kommunikation, als Basis für Aktivität und schließlich auch das Bereitstellen von personellen Ressourcen.

Die Vorstellung, daß der Gemeinwesenarbeiter nicht für die Menschen stellvertretend handelt (obgleich auch das nötig werden kann), entspricht dem gewandelten Verständnis von Solidarität: »Solidarität ist demnach nicht jede Art von Hilfe und

Unterstützung, sondern nur diejenige, die aus dem Gefühl der Gleichgerichtetheit von Interessen und Zielen gegeben wird, aus einer besonderen Verbundenheit, in der zumindest die – sei es fiktive – Möglichkeit der Gegenseitigkeit mitgedacht wird«[35].

Solidarität – und das ist noch immer so – kann nicht selten erst dann ihre Wirkung entfalten, wenn sie »auf die Herstellung einer gemeinsamen Machtbasis, auf die Konstitution von Gegenmacht gegen Dritte gerichtet«[36] ist. Und damit ist der Kreis zu CO wieder geschlossen.

Dieter Oelschlägel

Anmerkungen

1 Irmtraut Paulwitz/Gabriele Steffen/Ulrich Otto: Bürgerschaftliches Engagement – Internationale und städtische Perspektiven, in: Siegfried Müller/Heidi Reinl (Hg.): Soziale Arbeit in der Konkurrenzgesellschaft – Beiträge zur Neugestaltung des Sozialen. Neuwied u.a. 1997, S. 180

2 Katherine Gaskin/David J. Smith/Irmtraut Paulwitz: Ein neues bürgerschaftliches Europa – Eine Untersuchung zur Verbreitung und Rolle von Volunteering in zehn Ländern. Freiburg 1996

3 Jürgen Blandow: Vom Bürgeramt zur Bürgerpflicht, in: Widersprüche 67, 18/1998/3/107–121, hier: S. 119

4 Amitai Etzioni: Gemein-Wohl – Nachbarschaft – Kommunitarismus, in: Psychologie heute 21/1994/8/22-26

5 Blandow, a.a.O., S. 109

6 Hildegard Schooß: Mütterzentren als Antwort auf Überprofessionalisierung im sozialen Bereich, in: Erwin Teufel (Hg.): Was hält die moderne Gesellschaft zusammen? Frankfurt am Main 1996, S. 295

7 Ausführlich und sachkundig bekommt man das erklärt in dem sehr empfehlenswerten Buch: M. Mohrlok, M. Neubauer, R. Neubauer, W. Schönfelder: Let's Organize! Gemeinwesenarbeit und Community Organization im Vergleich. München: AG SPAK: 1993

8 Martin Rudolf Vogel, Peter Oel: Gemeinde und Gemeinschaftshandeln – Zur Analyse der Begriffe Community Organization und Community Development. Stuttgart u.a.: Kohlhammer: 1966, S. 29. Dies ist die erste umfassende, kenntnisreiche und die oberflächliche deutsche Rezeption kritisierende Darstellung von CO und Community Development, die zu Unrecht fast vergessen und auch kein zweites Mal aufgelegt worden ist.

9 B.A. McClenahan: Organizing the Community. New York 1929, zit. nach Vogel/Oel, S. 31

10 Vgl. Mohrlok u.a., S. 32 f.

11 Murray G. Ross: Gemeinwesenarbeit – Theorie, Prinzipien, Praxis. Freiburg: Lambertus: 1968, S. 58

12 Mohrlok u.a., S. 37

13 Ebda., S. 89

14 Vgl. Hertha Kraus: Amerikanische Methoden der Gemeinschaftshilfe, in: Soziale Welt 2/1951/184-192 und Herbert Lattke: Soziale Abeit und Erziehung – Ihre Ziele, Methoden und psychologischen Grundlagen. Freiburg: Lambertus: 1955; siehe auch C. Wolfgang Müller: Wie Helfen zum Beruf wurde. Band 2: Eine Methodengeschichte der Sozialarbeit 1945-1985, S. 97 ff.

15 Vogel/Oel, a.a.O., S. 5

16 Ebda., S. 21

17 Wolf Rainer Wendt: Gemeinwesenarbeit. Ein Kapitel zu ihrer Entwicklung und zu ihrem gegenwärtigen Stand, in: Kirsten Ebbe/Peter Friese: Milieuarbeit – Grundlagen präventiver Sozialarbeit im lokalen Gemeinwesen. Stuttgart: Enke: 1989, S. 9

18 C. Wolfgang Müller: Die Rezeption von Gemeinwesenarbeit in der Bundesrepublik Deutschland, in: C.W. Müller/Peter Nimmermann: Stadtplanung und Gemeinwesenarbeit – Texte und Dokumente. München: Juventa: 1971, S. 232 f.

19 Victor-Gollancz-Stiftung, AG GWA (Hg.): Haidhauser: Verteidigt Eure Lebensbedingungen. Frankfurt: 1972 (Materialien 2), S. 11

20 Friedrich Hauß: Zur Strategie fortschrittlicher Sozialarbeit, in: Victor-Gollancz-Stiftung (Hg.): Reader zur Theorie und Strategie von Gemeinwesenarbeit. Frankfurt 1975 (Reprint 1978), S. 252-275

21 Hauß a.a.O., S. 275

22 Saul D. Alinsky: Leidenschaft für den Nächsten. Gelnhausen/Berlin: Burckhardthaus: 1973; ders.: Die Stunde der Radikalen. Gelnhausen/Berlin: Burckhardthaus: 1974

23 C. Wolfgang Müller: Wie Helfen zum Beruf wurde. Band 2: Eine Methodengeschichte der Sozialarbeit 1945–1985, S. 124

24 Siehe Fußnote 7

25 Maja Heiner hat davon berichtet: Maja Heiner: Training in Community Organizing, in: Maria Bitzan/Tilo Klöck (Hg.): Jahrbuch Gemeinwesenarbeit 5. Politikstrategien – Wendungen und Perspektiven. München: AG SPAK: 1994, S. 295-297 und dies.: »Power to the People!« – Ein Relikt aus der Revoluzzermottenkiste?, in: sozialmagazin 18/1993/11/48-51

26 Vgl. Marion Mohrlok: Power, Pep und Politik, in: sozial extra 1994/6/2

27 FOCO-Programm 1994

28 Mohrlok u.a., S. 250

29 Vgl. Dieter Oelschlägel: Gemeinwesenarbeit im Wandel 1969-1989, Dinslaken/Duisburg 1989

30 Gertrud Tobias, Johannes Boettner: Die Lebenssituation und Bewältigungsstrategien verarmter Bevölkerungsteile in Duisburg-Bruckhausen, in: Dieter Oelschlägel (Hg.): Alles im Griff? Lebensbewältigung armer Menschen im Spannungsfeld von Sozialarbeit, Wissenschaft und Kommunalpolitik. Eine Tagungsdokumentation. Duisburg 1991 (Duisburger Materialien zu den Sozialwissenschaften 21), S. 75

31 FOCO (Hg.): Forward to the roots ... Community Organizing in den USA – Eine Perspektive für Deutschland? Bonn: Stiftung Mitarbeit: o.J., S. 12

32 Vgl. Leo Penta: Macht, Ohnmacht und die Entwicklung von Power durch Organizing, in: Michel Rothschuh/Harry Schütz (Hg.): »More Power« – Gemeinwesenarbeit und Community Organizing. Hildesheim: FH Hildesheim/Holzminden: 1996, S. 23–30

33 FOCO-Leitbild, in: 16. FOCO Rundbrief 1998, S. 3

34 Karl Otto Hondrich/Claudia Koch-Arzberger: Solidarität in der modernen Gesellschaft. Frankfurt am Main: Fischer: 1992, S. 58

35 Ebda., S. 14

36 Ebda., S. 15

AnnMarie Wolpe
Leben in Südafrika

Autobiographie · Aus dem Englischen von Hilde Schruff

Lamuv Taschenbuch 223

AnnMarie Wolpes Autobiographie gibt Einblick in eines der dunkelsten Kapitel südafrikanischer Geschichte.

1963: Ihr Mann Harold ist Mitglied des damals verbotenen »African National Congress«, Anwalt von Nelson Mandela, Walter Sisulu und anderen ANC-Mitgliedern. Als das geheime Hauptquartier des ANC in Rivonia entdeckt wird, kommen viele Apartheidgegner wie Mandela ins Gefängnis – auch Harold Wolpe. Doch ihm gelingt zusammen mit Arthur Goldreich die spektakuläre Flucht aus der Haft und auf vielen Umwegen nach Großbritannien. Wochenlang berichtet die internationale Presse darüber.

AnnMarie ist nach der Flucht ihres Mannes staatlichen Repressionen ausgesetzt, wird in Polizeigewahrsam genommen, verhört, muß Angst vor körperlicher Mißhandlung haben. Doch dank der Hilfe von Freunden darf sie schließlich Südafrika verlassen – ihre Kinder müssen zunächst zurückbleiben.

1990: Mandela ist freigelassen worden. Ihr Mann Harold will zurück nach Südafrika. AnnMarie sieht in dem Land nicht mehr ihre Heimat. Mit äußerst gemischten Gefühlen kehrt sie nach fast drei Jahrzehnten im Exil zurück.

Ein Buch aus dem Lamuv Verlag

Jeanette Erazo Heufelder
Gloria Cuartas:
Bürgermeisterin für den Frieden

Porträt der kolumbianischen Menschenrechtskämpferin

Ein UNESCO-Buch

Drogenterror und Gewalt kennzeichnen Kolumbien. Zehntausende von Menschen werden Jahr für Jahr ermordet. Fast die Hälfte aller Entführungen weltweit finden in diesem südamerikanischen Land statt.

Gloria Cuartas' Waffe ist das Wort. Die couragierte Menschenrechtskämpferin steht für ein neues, besseres Kolumbien. Sie setzt sich dafür ein, daß die internationale Öffentlichkeit erfährt, was für eine Tragödie sich in ihrer Heimat abspielt. Ihr kommunalpolitisches Engagement in einer der brutalsten Regionen der Welt ist von der UNESCO mit der Auszeichnung »Bürgermeisterin für den Frieden« gewürdigt worden.

»Wenn man aus Kolumbien kommt und sein Land liebt, dann sieht man auch, daß hier etwas geschieht, daß es Menschen gibt, die ihre ganze Kraft einsetzen, damit Kolumbien die Chance erhält, eine wirkliche Demokratie zu entwickeln. Und diese wachsende soziale Bewegung ist unsere Hoffnung.«

Gloria Cuartas steht in der Tradition der aufbegehrenden Mütter italienischer Mafiaopfer und der argentinischen Mütter der Plaza de Mayo, die laut sagen: »Basta yá – es reicht!«

Jeanette Erazo Heufelder ist Regisseurin, Drehbuchautorin und Ethnologin. Sie arbeitet seit Jahren als Autorin für internationale TV-Reportagen und -Dokumentationen, vornehmlich über Lateinamerika, die in mehr als 30 Ländern zu sehen waren. Ihr Film über Gloria Cuartas wurde unter anderem von Arte und dem ZDF ausgestrahlt.

Ein Buch aus dem Lamuv Verlag

Aminata Sow Fall
Der Streik der Bettler

Roman
Aus dem Französischen von Caroline Gutberlet
Mit einem Nachwort von Peter Schunck

Aminata Sow Fall thematisiert die Verfallenheit der afrikanischen Gesellschaft, deren herrschende Schicht nicht in der Lage ist, die eigenen Interessen denen der Gemeinschaft unterzuordnen.
Die Bettler werden als »menschlicher Abfall« bezeichnet. Ihnen wird bewußt, daß nicht die Freigebigen ihnen einen Dienst erweisen, sondern daß sie – die Bettler – den Gläubigen die Erfüllung der religiösen Pflicht des Almosengebens, die der Koran vorschreibt, ermöglichen, daß die Vorstellung, daß sich das Schicksal durch Opfergaben an die Armen beeinflussen läßt, ihre Anwesenheit voraussetzt. So treten sie in Streik...

»Das Verhalten der Armen im ›Streik der Bettler‹, ihre Solidarität, ihre Menschlichkeit und ihre Gewaltlosigkeit, verkörpert den Widerstand des alten Afrika gegenüber der Aggressivität der neuen, vom Westen beeinflußten Oberschicht...«
(Peter Schunck)

Ein Buch aus dem Lamuv Verlag